난 세

손자병법, 미야모토 무사시, 주역이 답하다

난세,
손자병법
미야모토 무사시
주역이 답하다

1

난세.
소란스럽고 어지러운 세상.

북핵과 미사일 위협, 트럼프의 등장과 미국 우선주의, 남중
국해에서 미·일과 부딪히는 시진핑. 중국의 꿈. 인공지능과 자
동화가 가져올 노동의 종말. 안보와 경제위기. 헌정사상 최초
의 대통령 탄핵. 지진이 지나간 자리에 거대한 태풍이 쓰나미
를 몰고 오는 퍼펙트 스톰이 한반도를 다시 강타하고 있다.
길고 긴 추운 겨울이 오랫동안 계속될 것이다. 폭풍우 치는
바다의 한가운데에서 어디로 가야 하나?

최근에 몇 차례 일본과 중국을 여행 하였다. 비행기도 타고, 배도 탔다. 일본 여행 중 시모노세키, 고쿠라성, 모지코도 가보았다.

TV는 온종일 격동의 동북아 정세를 우려하는 뉴스를 보도하였다. TV화면은 한반도 지도 위를 네 등분하여 동북아의 힘센 네 나라의 상징적 얼굴들을 오랫동안 정지된 화면으로 보여 주었다.

미국 우선주의로 '다시, 미국을 위대하게'를 부르짖는 트럼프. 중국의 힘을 앞세우는 시진핑. '전쟁할 수 있는 나라, 일본'으로 가겠다는 아베. 그리고 푸틴. 한국의 역할은 없었고, 한국의 상징적 얼굴은 보이지 않았다. 힘이 진실로 통했던 '전국시대'가 다시 오고 있는가? 힘이 유일한 선택의 기준이 되는 약육강식의 정글지대에서 각자도생으로 살아남아야 하는 시대가 난세다.

지난 18세기 산업혁명의 변혁기를 주도해 나간 선진국들은 세계를 지배해 나갔다. 힘이 유일한 선택의 기준이었던 시대, 이 물결을 인식하지 못하고 일본 제국주의의 침략에 나라를 빼앗겼던 구한말. 한반도는 난세였다. 지금, 대륙의 광풍과 대양의 해류가 한반도에서 맹렬하게 부딪쳐 소용돌이치며 자욱한 안개와 격렬한 풍랑을 만들어 내고 있다. 다시, 난세다.

모지코항 친수광장에 갔다. 광장 한복판에는 의자 몇 개를 붙여놓고 미야모토 무사시와 사사키 고지로의 <간류지마의 결투>를 그린 삽화를 한 장씩 보여주는 이동식 노천극장이 있었다. 노천극장 주인이 100엔을 받으면 막대 사탕을 한 개씩 주고 무성영화의 변사처럼 유창하게 줄거리를 이야기해 주고 있다. 관객은 10여 명. 서너 살 유아는 젊은 엄마·아빠가 무릎에 앉히고, 예닐곱 살 아이는 아빠 옆에 앉아서 진지하게 이야기를 듣고 있다.

눈앞에 관문해협의 간류지마가 바라다 보인다. 이곳은 1612년 4월 13일 <간류지마의 결투>에서 일본 최고의 검객 사사키 고지로를 목검으로 일격에 쓰러뜨린 미야모토 무사시가 돛이 없는 거룻배를 타고 돌아온 그 현장(옛 이름은 모지카세키)이다.

미야모토 무사시는 생전 60여 회의 목숨을 건 진검승부에서 한 번도 패한 적이 없는 일본 전국시대 불패의 검객이다. 긴 칼과 짧은 칼을 동시에 사용하는 니텐이치류(二天一流)를 스스로 창시하고 <지·수·화·풍·공의 권>을 오직 자신만의 언어로 써서 남겼다.

전국시대와 에도시대를 지나 메이지유신으로 제국주의 시대를 열어간 일본인의 바탕에는 무사도가 있다. 일본인들은 1192년 가마쿠라 바쿠후 탄생에서부터 1868년 메이지 유신까지

670여 년간 무사가 지배하던 시대를 살아왔다. 그러한 일본인들의 유전자속엔 칼이 녹아 들어있다.

　일본인들은 미야모토 무사시를 일본 사무라이 정신을 대표하는 인물로 보고 있다. 일본인들은 소설과 드라마에서 수시로 미야모토 무사시를 보고, 어린아이들을 무릎에 앉히고 미야모토 무사시를 들려준다. 미야모토 무사시를 읽으면 겉으로 드러나지 않고 숨어있는 일본인들 내면의 정신세계를 알 수 있다.

4

　역사 이래 모든 전쟁의 승리는 적을 속이고, 내부를 교란시키고, 정보를 조작하고, 미인계와 스파이 활용 등으로 적을 기만하고, 적이 원하지 않는 방법으로 싸워서 얻은 것들이다. 정면 돌격으로 얻은 승리는 열 번 싸워 한 번 얻을 수 있을까 하는 정도였다.
　손자병법은 말한다. 싸우지 않고 이기는 것이 최선의 전략이다. 적을 알고 나를 알면 백번 싸워도 위태롭지 아니하다.
　시대가 영웅을 만든다. 혼란스럽고 소란한 세상을 구해 줄 영웅과 호걸이 나타나기를 민중들은 역사의 강가에서 간절한 염원으로 기다려 왔다. 역사 속에 난세는 흉년이 들었을 때 시작되었다. 굶주림에 지친 민중들의 유랑이 계속되고, 도적들이 활개 치는 세상에서 죽고 죽이는 전쟁이 끊이지 않는 시대가 난세다. 내일의 삶이 보장되지 않는 전쟁터에서 살아있기를 버리고 죽음을 구하며, 별똥별이 떨어져 밤하늘을 밝히듯이 한줄기 이름을 세상에 새겨가는 영웅과 호걸들을 세상은 기다려 왔다.

호걸이란 천하대세에 대하여 자신이 할 바를 아는 자를 말하고, 영웅은 그 기회와 변화에 따라 일을 성취하는 자를 말한다. 역발산기개세의 웅대하였던 초패왕 항우도 해하 전투에서 단 한 번의 패배로 역사의 무대에서 사라져 갔다.

호걸은 전쟁터에서 탄생한다. 전쟁터에서 죽음을 찾고 용맹을 떨쳐서 수많은 무공으로 적들을 두려움에 떨게 하고, 그 떨쳐진 이름에 귀신도 두려워하는 것이 호걸이다. 그러나 이제 호걸은 시대착오적 생각이 되었다. 죽음을 구하느냐, 살아남는 길을 찾느냐는 차이가 영웅의 길과 병법의 길이 갈라지는 갈림길이다.

난세에는 싸우면 이겨야 하고, 살아남는 것이 이기는 길이다.

한때 일각에서 어느 정치인을 '미래 권력'이라 불렀다. 이젠 그 정치인을 '과거'로 흘려보내고 앞으로 나아가자고 말한다. 생겨난 모든 것은 사라진다. 모든 것은 변화한다. 삶과 죽음은 만인에게 부여된 피하지 못할 숙명이다. 세상은 흥망과 성쇠가 교차해 나간다. 이러한 변화와 카오스 속에서도 변하지 않는 이치는 존재한다.

한낮이 지나면 밤이 오고, 태양은 동쪽에서 떠서 서쪽으로 진다. 봄이 지나면 여름이 오고 가을이 온다. 태풍이 남쪽에서 북쪽으로 불고, 물은 높은 곳에서 낮은 곳으로 흐르며, 지구 에너지의 흐름으로 땅이 갈라지고 지진이 나는 것은 자연적인 현상이다. 태어난 것은 언젠가는 사라지는 우주법칙은 변함없이 존재한다.

세상의 변화는 기하급수적이다. 한 번에 한 개씩 6번을 반복하여 취하면 6개를 얻을 수 있다. 그러나 한 번에 두 배씩 여섯 번을 계속하면 64개를 얻는다. 주역은 세상의 변화를 태극에서 음양이 나오고, 이어서 사상이 되고, 8괘에 이른다고 한다. 세 번 변하면 8개의 수를 얻고(팔괘), 세 번의 변화(팔괘)를 2배수(8^2) 하면 64개의 수를 얻는다.(64괘) 주역은 세상이 기하급수적으로 변한다고 보는 것이다. 그러나 기하급수적으로 변하는 세상에도 변하지 않는 이치는 존재하고 있다.

역(易)은 궁하면 변하고, 변하면 통한다. 통하면 마침내 오랫동안 지속된다. 이로써 하늘로부터 도와서 길하고 이롭지 않음이 없다. 하늘은 잠시도 쉬지 않고 운행하고, 땅은 어머니 품처럼 만물을 길러낸다. 이로써 만물이 생기고, 사람이 생기고, 생성하고 또 생성하는 것이 역이다.

6

주역은 우리에게 네 가지 선물을 주고 있다.

· 역의 이치를 알면 말이 능숙해 질 수 있다.
· 역의 이치를 알면 행동해 가야 할 방향을 알 수 있다.
· 역의 이치를 알면 그 형상을 관찰하여 도구를 만들 수 있다.
· 역의 이치를 알면 점을 쳐서 미래를 예측할 수 있다.

공자는 말한다.
- 말하고, 행동하고, 도구를 만들어 내고, 점을 쳐서 미래를 아는 것은 지도자가 몸을 닦고 사람을 다스리는 일이다. 천문과 지리, 사람이 어우러져 살아가는 일에 있어 이 네 가지 외에 다른 무엇이 있겠는가?

우리는 왜 주역을 읽어야 하는가? 난세에 어디로 가야하는지, 그 길을 찾고자 함이다. 주역은 우주만물의 뜻을 알려준다. 만물의 뜻은 정해져 있는 것이 아니다. 우주만물은 시간에 따라, 공간에 따라 쉽게 변해간다. 주역은 우리에게 이 변화의 길을 알려주는 것이다.

만물이 극에 달하면 통한다. 양이 극에 달하면 음이 생겨나고 음이 극에 달하면 양이 생겨난다. 양속에 음이 있고 음속에 양이 있다.

해가 중천에 떠서 태양이 작렬하는 정오는 양이 극에 달한 상황(음 0, 양 100)이다. 양이 극에 달하면 마침내 음이 생겨나기 시작한다. 오후 2시가 되면 음이 점점 자라나게 된다(음 17, 양 83). 마침내 자정이 되면(음 100, 양 0) 음이 극에 달하게 된다.

7

창세기(3장 8절)에 하나님이 아담을 부르는 장면이 나온다.
- 그들이 그 날 서늘한 때에 동산에서 거니시는 주 하나님의 음성을 듣고 아담과 그의 아내가 주 하나님 앞을 떠나 동산의 나무들 가운데 숨으매 주 하나님께서 아담을 부르시며 그에게 이르시되, **네가 어디 있느냐?** 하시니

주역으로 점을 친다는 것은 내가 이 세상 어디에 있는지 좌표를 설정하는 것이다. 비행기를 타기 위하여 인천공항에 도착하면 GPS는 위도 37도 28분 N, 경도 126도 36분 E를 표시한다. 이 좌표가 지구상에서 내가 어디에 있는지 알려주는 지점이다. 또한 이 좌표는 내가 이 우주에서 어디에 있는지 알려주는 좌표이기도 하다.

비행기를 타고 터키 국토의 가장 동쪽에 위치한 반(VAN)에 가려고 하면, 반은 위도 37도 27분 N에 위치하고 있으므로 정서쪽으로 날아가야 함을 알 수 있다. 주역으로 점을 친다는 것은 나침반으로 미래의 가고자 하는 방향을 찾는 것과 같다. 64괘는 지도와 같다.

주역에 열 개의 날개를 달아준 공자는 주역으로 점을 치는 이치와 방법을 <계사전>에 상세하게 기술해 놓았다. 주역으로 점치는 법을 살펴보면 주역의 이치를 보다 상세하게 알 수 있을 것이다. 이 책의 말미에 주역 64괘(상경 30 괘 천지자연의 이치, 하경 34괘 인사의 작용)를 간략하게 정리하여 수록하였다.

오래된 우물은 반드시 고쳐야 한다. 지금까지 전해오는 고전 중에서 '혁명'을 말한 가장 오래된 책은 주역이다.

- 천지가 바뀌어서 사계절이 이어지는 것처럼 탕왕과 무왕이 혁명을 해서 하늘에 순종하고 백성들의 믿음을 얻었으니 비로소 혁명의 때가 크게 무르익었다. 혁명을 어찌 쉽게 할 수 있겠는가?

주역의 마흔 아홉 번째 괘는 택화혁(革)이다. 오래된 우물은 물이 고여 썩는다. 반드시 고치지 않으면 안된다. 혁은 연못 밑에 불이 있는 모습으로 물과 불이 서로 사귀 지 못하여 서로가 원하는 뜻을 얻지 못하는 형상이다.

개혁을 하지 않으면 사람들이 믿지 않는다. 개혁은 때가 이르러 고쳐야 믿게 된다. 사람들이 "고쳐야 할 때"라고 세 번을 외치는 소리가 들려야 비로소 그 때가 이르렀다고 주역은 말한다.

성경현전. 성인이 쓴 글을 경이라 하고, 현인이 경을 풀이한 글을 전이라 한다. 주역 64괘의 괘명과 순서는 그 자체가 경이다. 64괘의 괘명과 순서를 쉽고 간략하게 정리한 이 책을 찬찬하게 읽어보면 주역의 이치와 난세에 가야할 방향을 쉽게 찾을 수 있을 것이다.

난세.
적을 알고 나를 알아
싸우면 이겨야 하고
살아남아 이기는 길.
손자병법, 미야모토 무사시, 주역에
그 길이 있다.

끝나고서 다시 시작하는 것이
해와 달의 운행이요.
죽고서 다시 시작하는 것이
사계절의 순환이다.
그러므로 죽고 삶이 없이
변화는 무궁무진한 것이다.

큰절 올리며
손 민 익

고쿠라성. 1612년 미야모토 무사시와 사사키 고지로의 <간류지마의 결투>
당시 고쿠라성의 영주는 호소카와 다다오키였다. 삼십여 년을 유랑하던 고독한
방랑자 미야모토 무사시는 생애에서 가장 긴 7년의 정착생활을 고쿠라에서
보냈다.

마야모토 무사시와 사사키 고지로의 결투의 현장 긴류지마(巖流島).
사진의 왼편에 보이는 섬 끄트머리에 미야모토 무사시와 사사키 고지로의
결투 모습 동상이 세워져 있다. 매년 5월, 간류지마 축제가 열린다.
결투 당시에는 섬의 모습이 배처럼 생겼다고 후나지마(船島)라고 불렸다.
시모노세키 가라토 선착장에서 매일 정기선이 운행된다. 소요시간 10분.

결투 시각은 1612년 4월 13일 오전 7시였다.
모지코 뒤편 산위로 떠오른 태양이 간류지마가 있는
관문해협을 비추고 있다.
오전 7시가 조금 지나서 찍은 관문해협의 일출풍경.

사진의 가운데가 관몬해협에 있는 간류지마다.
사진 아래로 고쿠라(小倉)가 보인다.
간류지마의 동쪽이 기타큐슈, 서쪽이 시모노세키다.

간류지마에 있는 미야모토 무사시와 사사키 고지로의 결투상(像).
미야모토 무사시는 동쪽에서 떠오른 태양을 등지고 돛이 없는 거룻배를
타고 결투 시각(오전 7시) 보다 늦게 간류지마 해변에 도착 하였다.
초조하게 기다리다 칼집을 버리고 덤비는 사사키 고지로에게 미야모토
무사시는 "고지로, 너는 이미 졌다. 이길 자가 왜 칼집을 버리겠느냐"
하고 소리쳤다. 미야모토 무사시는 사사키 고지로를 목검으로 내리쳐서 단번에
쓰러뜨렸다.

지·수·화·풍·공은 불교의 오륜탑에서 그 뜻을 찾을 수 있다.
아래의 사각형 기단은 탑의 받침대로서 땅(地)을 상징한다.
중간의 원형은 물(水)을 상징한다. 위의 삼각형은 불(火)을 상징한다.
그 위로 바람(風)을 상징하는 반달형이 있고, 맨 꼭대기에 공(空)을
상징하는 불주(仏珠)가 있다.

차 례

주역 64괘

1장

난세

난세

난세. 어지럽고 소란한 세상.

6·25 동란이 끝났을 때, 우리나라는 세계 180여 나라 중 7번째로 못사는 나라였다. 1960년대 말 우리나라 GDP는 100달러가 못되었다. 산업화와 민주화를 이루어 왔으나 1997년 IMF 구제금융 사태를 겪었고, 2008년 사상 초유의 금융위기를 맞은 세계는 1929년 대공황 이후 80년 만에 어지럽고 혼란한 세계를 경험하였다.

지난 18세기 산업혁명의 변혁기를 주도해 나간 선진국들은 세계를 지배해 나갔다. 힘이 유일한 선택의 기준이었던 시대. 이 물결을 인식하지 못하고 일본 제국주의의 침략에 나라를 빼앗겼던 구한말. 한반도는 난세였다. 지금 다시 대륙의 광풍과 대양의 해류가 한반도에서 맹렬하게 부딪쳐 소용돌이치며 자욱한 안개와 격렬한 풍랑을 만들어 내고 있다. 다시, 난세다.

헌정 사상 최초의 대통령 탄핵. 안보와 경제위기. 지진이 지나간 자리에 거대한 태풍이 쓰나미를 몰고 오는 퍼펙트 스톰이 다시 한반도로 몰려오고 있다.

길고 긴 추운 겨울이 오랫동안 계속될 것이다. 폭풍우 치는 바다의 한가운데에서 어디로 가야 하나?

현대는 초불확실성의 시대이며 우발성이 지배하는 세상이다. 2008년 미국 금융위기가 발생하기 전 이를 미리 예측한 사람은 없었다. 미래는 현재와 다른 변화, 다른 종류의 위기와 기회가 기다리고 있다. 미래는 현재와 다른 시각으로 조명하여야 한다.

그러나 대변혁의 위기 속에서도 변하지 않는 세상의 이치는 존재한다. 한낮이 지나면 밤이 오고, 태양은 동쪽에서 떠서 서쪽으로 진다. 봄이 지나면 여름이 오고 가을이 온다. 태어난 것은 언젠가는 사라진다는 우주법칙은 변함없이 존재한다.

초불확실성의
시대

세상이 온통 안개속이며 불확실하다.
'불확실성의 시대'는 갤브레이스가 1973년 영국 BBC 방송에서 세계 경제사를 알려지지 않은 관점에서 방송한 프로그램을 토대로 집필한 책이다. 그는 이 방송을 맡으면서 제목을 미리 '불확실성의 시대'로 정해 두었다. 우선 어감이 좋았고 사고의 장이 제한되지 않으면서도 기본적인 테마를 명확하게 전달할 수 있었다. 지나온 시대에 확고하게 믿었던 세계경제사의 확실성을, 온갖 문제가 직면하고 있는 현대사회의 불확실성과 대비하여 말하면 시청자들이 쉽게 이해하였다.

지난 시대에는 자본가는 자본주의 번영에, 사회주의자나 제국주의자는 각각 사회주의, 제국주의의 성공에 확신을 가지고 있었다. 지배계급은 스스로가 지배자로 운명 지어져 있다고 믿었다. 이러한 확실성은 이제 남아 있지 않다. 인류가 당면하고 있는 모든 문제들의 복잡성을 생각 한다면 지난 시대의 확실성이 남아 있으리라고 생각하는 것이 오히려 이상할 것이다. 흔히 제2차 세계대전이 현대사의 큰 전환기였다고 생각한다. 하지만 몇 세기에 걸쳐 이룩된 정치제도와 사회제도가 갑자기 무너져 버렸고, 오랫동안 확실하다고 생각하고 있었던 것들을 잃어버린 것은 제1차 세계대전을 통해서였다고 갤브레이스는 생각하였다.

인류 역사상 최악의 전쟁으로 평가받는 제1차 세계대전은 1914년 6월 28일 러시아의 지원을 받아 발칸반도에서 세력을 확장해가던 세르비아계의 한 청년이 보스니아 사라예보에서 오스트리아 황태자 페르디난트 부부를 총으로 살해한 것이 전쟁 발발의 직접적 계기가 되었다.

영국·프랑스·벨기에·세르비아·러시아·이탈리아·포르투갈·브라질 등 연합국과 독일·오스트리아·헝가리·불가리아·오스만 제국 등 동맹국 간에 1918년 11월 11일까지 전쟁기간 4년 4개월 14일에 걸쳐 연합국과 동맹국의 사상자가 총 3,770만 명이 발생한 참혹한 전쟁이었다.

19세기 말 산업 생산량이 급증한 영국과 러시아·프랑스는 삼국 협상 이라는 협력 체제를 구축하고 아시아와 아프리카 등지에서 식민지 경쟁을 벌여나갔다. 1871년 통일 후 급격히 세력을 확장해 나가던 신흥 강국 독일이 오스트리아·이탈리아와 손잡고 삼국 동맹을 출범시키며 부딪치게 되자 유럽은 전쟁의 소용돌이에 빠지게 된 것이다. 전쟁의 결과는 참혹하였고 세계의 모든 것이 급변하게 되었다. 그때까지 귀족이나 자본가, 사회주의자는 자신들의 신념에 확신을 가지고 있었지만 모든 것이 한꺼번에 무너져 버렸다. 그 자리에서 불확실성의 시대가 시작되었다.

기후변화로 전 지구적 환경생태가 급변하고 있다. 숨가쁜 인공지능 혁명으로 인간과 신의 경계가 사라지고 있다. 지구는 뜨거워져 가고 있고, 미국과 중국의 패권 경쟁은 한반도의 지정학적 위기를 더욱 고조시키고 있다. 저출산 고령화로 출산율은 급락하고, 노인 인구는 급증하고 있다.

1929년 대공황, 1970년대 오일쇼크, 1990년대 소련의 붕괴, 1990년대 말 독일의 통일, IMF 사태, 2008년 미국 발 세계 금융위기, 그리고 21세기라는 케이크의 다섯 조각 중 한 조각을 다 먹은 지금. 다시, 난세.

인공지능과 제4차 산업혁명, 초연결된 사물 인터넷, 지식혁명이 일상화되고 고도화된 현시점이야말로 역사가 연쇄적으로 반응한다는, 순차적이고 시계열적인 시각으로는 전체를 이해할 수 없다.

31

새로운 미래를 정의하는 5가지 키워드는 속도, 복잡성, 변화, 문화, 위험사회로 정의할 수 있다. 세상은 엔트로피(무질서)가 폭발적으로 증가하는 초불확실성의 사회로 가고 있다. 이 시대는 결국 대변혁의 시대이다. 우리는 어디로 가야 하는가?

오백년씩
다섯 차례

붓다는 자신이 입멸한 후, 불법이 오백년을 단위로 다섯 단계를 거쳐서 쇠퇴해 갈 것 이라고 하였다. 이른바 오오백세(五五百歲)라는 말이다.

° 1단계 오백년 동안에는 가르침대로 실행하면 해탈 경지에 이르게 되고(해탈).
° 2단계 오백년 동안에는 낱낱이 해탈은 못하지만 도를 닦아 선정에 드는 사람이 많고(선정).
° 3단계 오백년 동안에는 해탈도 선정에 드는 사람도 드물어서 가르침을 지식으로만 많이 배우고(다문).
° 4단계 오백년 동안에는 해탈도, 선정도, 많은 지식을 배움도 없이 탑이나 절만 세우게 되고(탑사).
° 5단계 오백년 동안에는 해탈도, 선정도, 다문도, 탑사도 없이 다만 명예와 물질을 서로 가지고자 세상은

33

언제나 크고 작은 싸움만 계속될 것이다(투쟁).

부처님의 정법이 점차 쇠퇴해지는 말세에 접어들면서 나타나게 되는 사회적, 정신적 다섯 가지 혼탁한 세상을 '오탁악세'라고 말한다.

㊝ 시대가 사악하고 전쟁, 기근, 악성 전염병 등으로 인해 한 시각도 편안하고 즐거울 날이 없는 시대(겁탁).

㊝ 악한 사상과 견해를 가진 자들이 세력을 얻고, 올바른 생각을 가진 자들이 힘을 잃는, 사상과 가치가 혼란하고 타락한 시대(견탁).

㊝ 자신의 것은 아끼고 남의 것을 탐내며, 권력과 명예를 탐내고, 탐욕에 빠진 무리들이 판치는 시대(번뇌탁).

㊝ 사람들의 자질이 극도로 저하되어 견탁과 번뇌탁에 물들어 있는 시대(중생탁).

㊝ 인간의 수명이 점차 짧아져 가는 세상(명탁).

붓다가 열반하신 후 2,500여 년. 이 시대는 진정 말법시대다. 그러나 부처는 오고 감이 없는 것이므로 "한 사람이라도 진리를 발견해서 근원으로 돌아가면 세상은 구원될 것"이라고 <능엄경>은 말하고 있다.

화엄은 갖가지 찬란한 색깔의 꽃으로 장식된 세계를 말한다. 화엄경은 어린 나그네 선재가 남인도를 여행하면서 53인의 스승을 찾아 진리의 세계를 실현하는 구도의 길을 보여주고 있다. 처음에 문수보살을 만나고, 마지막에 보현보살의 가르침으로 어린 나그네는 마침내 구도의 길에 대단원의 막을 내리게 된다.

구도의 긴 여정에 만난 뱃사공, 노예, 바라문, 창녀, 장사꾼, 소녀, 땅속과 하늘의 신들도 모두 그에게 거룩한 스승이었다. 화엄경 80권을 이해하는 키워드는 "마음도 부처도 중생도 둘이 아니다"는 구절이다. 어린 나그네 선재도 마침내 이러한 이치를 깨달았다.

서기를 뜻하는 AD는 그리스도의 기원(Anno Domini)에서 시작 되었다. AD에 근거해서 기원전 BC는 기독교에서 보통 그리스도 전(Before Christ)으로 쓰인다. AM(Anno Mundi)은 창조가 시작된 해, 아담과 이브의 출생을 기원으로 계산한 연도로 아일랜드의 유명한 대주교였던 제임스 어서(j. assher)는 성경의 족보를 거슬러 올라가며 계산을 한 끝에 세상이 창조된 것은 기원전 4004년 이라고 발표하였다. 그 때가 1650년 9월 어느 날 오전 9시였다.

유대교의 탈무드는 "이 세상은 하나님이 세상을 창조한 날로부터 6,000년 동안 지속될 것"이라고 한다.

소강절(중국 송나라)은 시대의 흐름을 삼황, 오제, 삼왕, 오패. 이적, 금수 6단계로 구분 하였다.

 ° 삼황은 중국의 천황씨, 지황씨, 인왕씨 시대.

 ° 오제는 복희, 신농, 황제, 요, 순의 시대.

 ° 삼왕은 우왕, 탕왕, 무왕의 시대.

 ° 오패는 춘추전국시대 진목공, 진문공, 제환공, 초장왕, 송
        양왕의 시대.

 ° 이적은 소강절이 살던 송나라 이후 청나라 시대를 말함.

 ° 현 시대는 '금수(禽獸)의 시대'로 보았다.

현시대는 스스로 도를 닦아 나가야 하는 시대이며, 금수 운이 지나면 다시 삼황시대로 돌아간다고 하였다.

계층 간 양극화가 심화되고, 경제위기가 계속되면서 사회는 불안해지고, 미래가 보이지 않는 초불확실성의 시대이다. 취업과 연애와 결혼을 포기하고, 내 집 마련과 인간관계, 그리고 꿈과 희망마저도 포기해야 하는 N포세대의 시대. 청년들이 절망하는 세상이 되어가고 있다.

우주와 자연 그리고 사람들과의 일체감을 상실해 가는 시대. 미래에 대한 희망과 자신에 대한 믿음을 잃어버린 시대는 정녕, 어지러운 세상. 난세다.

변하면
통한다

옛날에 복희씨가 하늘의 형상을 관찰하고, 땅의 특성을 연구하여 인간의 몸과 천지만물의 형상을 살펴서 팔괘를 지었다. 복희씨가 죽자 신농씨가 나무를 깎아 보습과 쟁기를 만들었다. 농사를 시작하여 생산이 증가하자 한낮에 시장을 열어 백성들이 원하는 것을 서로 쉽게 교환할 수 있게 하였다. 신농씨가 죽자 황제와 요순이 이어서 계절의 변화, 시절의 변화, 왕권의 교체를 통해서 백성들을 교화하여 나태하지 않고 마땅한 도리에 따라 살도록 하였다. 황제와 요순이 억지로 백성들을 간섭하며 다스리지 않아도 천하는 스스로 다스려졌다.

하늘은 강건하게 잠시도 쉬지 않고 운행하고 있으며, 땅은 어머니 품처럼 유순하게 만물을 길러내는 중천건(乾)괘와 중지곤(坤)괘의 이치에서 비롯된 것이다. 역은 궁하면 변하고, 변하면 통한다. 통하면 마침내 오랫동안 지속될 것이다.

37

조짐을 알면
미래가 보인다

　　주역은 동양사상의 가장 중요하고 본질적인 내용을 다 담고 있다. 동양인과 서양인의 사고방식은 근본적으로 다르다. 서양인은 뿌리보다 지엽적 가지를 우선에 둔다. 서양사상은 일반적 원리에서 개별적이며 특수한 사실을 이끌어내는 연역적 사고를 담고 있다. 반면에 동양사상은 만 가지를 하나로 귀납시키는 사고를 한다. 서양인들은 아이들이 커가면 장래 기술자가 되라고 한다. 기술자가 못되면 예술가가 되고, 예술가가 못되면 종교가가 되라고 한다.

　동양사상의 바탕에는 우주만물은 하나의 '그 무엇'에서 왔고 그 하나가 바로 우주만물이라고 생각한다. 그 하나는 도(道), 태극, 부처(仏), 무(無), 공(空) 등 관점에 따라 다양한 이름으로 표현하지만, 그 자리는 생각하고 말하기 이전에 이미 있는 것이다.

서양의 문명은 이제 그 가지의 끝에 다다랐다. 자연과 더불어 살아가야 할 인류의 시대적 과제를 해결할 철학적 토대를 잃어가고 있다. 서양인들은 이제 가지 끝에 다다른 문명이 찾아야 할 답을 변화의 책 <주역>에서 찾고 있다.

　주역은 역수(易数)다. 역수란 주역의 원리에 따라 길흉화복을 미리 점치는 것이다. 64괘에서 8괘를 찾고, 8괘에서 사상, 사상에서 음양, 음양에서 태극을 찾아 나간다. 마침내 태극은 어디 있느냐?

　우주의 주체는 무엇인가? 마치 자동차의 주체가 자동차가 아니듯이 우주의 주체는 우주가 아닌 마음이다. 마음은 물질이 아니므로, 물질로 구성된 시공간이 끊어진 자리다. 왜 시공간이 끊어 졌느냐? 금강경이 말하는바와 같이 과거의 생각은 이미 지나가 버렸고, 미래의 생각은 아직 오지 않았으며, 현재의 생각은 머무는 데가 없기 때문이다. 시공간이 끊어진 이 마음이 시간과 공간을 만들어 낸다. 이것이 동양사상이다.

　개미가 높은 곳에 올라가면 장마가 올 것을 예측할 수 있고, 기러기가 일찍 남쪽으로 날아오면 날씨가 추워져서 흉년이 들 것임을 미리 알 수 있다. 인촌 김성수 선생의 어머니도 이 조짐을 보고 미리 벼를 비축해서 많은 돈을 벌어, 집안의 토대를 마련한 이야기가 전해오고 있다.

39

꽃잎이 떨어져야
열매가 맺힌다.
열매를 보면
그 나무를 알 수 있다.

  가을에 찬바람이 불어오면 꽃잎이 떨어진다. 찬바람이 불어
오면 열매가 맺힐 것을 미리 알 수 있다. 이것이 조짐이며 역
수를 아는 것이다. 이러한 지혜가 주역에 담겨 있다. 주역이
주는 네 가지 선물을 이해하면 대변혁의 시대. 어디로 가야
하는지? 그 방향을 알 수 있을 것이다.

2장

어려움에 처하면

비로소

큰 일이 이루어 진다

생존의
시대

미래를 알려면 과거를 알아야 한다. 미래는 과거에 있다. 난세에는 사람이 시대를 만든다. 호걸이란 천하대세에 대하여 자신이 할 바를 아는 자를 말하고, 영웅은 그 기회와 변화에 따라 일을 성취하는 자를 말한다. 오늘날 변화와 초불확실성의 시대에 이제는 살아남는 것도 중요한 미래 전략인 시대가 왔다. 미래를 제대로 예측해서 살아남는 자가 진정 영웅일 것이다.

항우(BC 233-202)는 진나라 말기, 중국 강소성 숙천 서남 출신이다. 숙부 항량과 함께 진나라에 대항하여 군사를 일으켰고 기원전 206년 초나라의 의제를 죽이고 제위를 찬탈하였다. 진나라를 멸망시킨 뒤에는 초패왕으로 칭하였다. 70번의 전투에서 한 번도 패한 적이 없는 항우는 천하대세를 일사천리로 장악해 나갔지만, 자신을 성찰하지 못한 오만으로 해하(지금의 안휘성 영벽 동남) 전투에서 단 한 번의 패배로 31세

43

의 나이에 생을 마쳤다. 죽음의 순간까지 늘 데리고 다녔던 사랑하는 여인에 대한 애착을 버리지 못하고 '우희'를 부르며 함께 자결하였던 것이다.

힘은 산이라도 뚫고
그 기세는 천하를 덮을 만한데
때를 못 만난 나의 명마 추여,
너 마저 달리지 않는 구나
추여, 네가 달리지 않으니
어찌 하리 어찌 하리
우여, 우여,
너를 어찌 하리 어찌 하리

지수화풍 4대로 이루어진 우주만물은 결국 공(空), 텅 빈 것이라는 오묘한 이치를 깨닫지 못했기 때문이다. 항우에게 '평상심이 도'라는 자기 수행의 깨달음이 있었다면 역사의 물줄기는 다른 방향으로 굽이쳐 흘러갔을 것이다.

천하를 놓고 치열하게 싸우던 라이벌 유방은 기원전 202년 천하일통(天下一統)을 내세운 싸움에서 마침내 승리 하였다.

당나라 시인 두목은 유방의 군대에 포위되자 31세로 자결한 항우에 대하여 안타까워하는 마음으로 시를 지었다.

전쟁에 나서는 자에게
이기는 것과 지는 것은 기약할 수 없으니
분함을 참고 욕됨을 견디는 것이
진정한 사나이로다.
강동의 자제 중에는
뛰어난 자들이 많았으나
흙먼지 날리며 고향으로 다시 돌아올 날을
알 수가 없구나.

세상을 살다보면 누구나 어려운 환경에 처할 때가 있다. 곤궁에 처했을 때는 어떤 사람이 화가 나서 자신의 얼굴에 침을 뱉더라도 바로 그 자리에서 그 침을 닦지 말고 마르도록 그대로 두어라. 바로 그 자리에서 침을 닦아 버리면 상대는 기분이 더욱 상하지 않겠는가. 때문에 털가죽 옷을 빼앗으면 그냥 던져주고 가라. 이것이 운수가 꽉 막힌 곤궁한 시절에 바르게 처신하는 방법이다.

자신을 철저하게 낮추고 모욕을 참으며 극복해 나갈 줄 아는 것이 천하의 때를 아는 것이며, 난세를 살아가는 방법이라고 시인 두목은 말하고 있다. 분함을 참고 견디는 것이 진정한 사나이다. 공(空). 애착에서 벗어난 텅 빈 그 자리. 두려움에서 벗어난 그 자리가 승리의 바탕이다.

어려움에 처하면
비로소
큰 일이 이루어 진다

난세.

생존의 시대.

살아남는 자가 이긴다.

어려움에 처하여 분함을 참고 욕됨을 견뎌

그것을 극복할 때,

비로소 큰 일이 이루어진다.

사마천은 이릉을 변호하다가 남성의 성기를 제거하는 궁형을 당하게 되었다. 궁형이란 치욕을 받고 억울하고 구차하게 살아가면서 자신이 살아가야 하는 존재이유와 자신이 <사기>를 지은 목적을 <사기>의 곳곳에 밝혀 놓았다.

천한 노비와 하녀조차도

자결할 수 있는 법인데,

하물며 나와 같은 사람이

어찌 자결하지 못하였는가?

고통을 견디면서 더러운 치욕 속에

구차하게 살아가는 이유는

비겁하게 세상에서 없어질 경우

미처 완성하지 못한 <사기>가

후세에 전해지지 못할 것을

한스럽게 생각하기 때문이다.

옛날부터 지금까지 부귀와 권력을 누렸지만

그 이름이 닳아 없어지고

이 세상에 왔다간 사실 조차 알 수 없는 사람들은

이루 다 말할 수 없을 정도이지만,

오직 평범하지 않은 사람들만이

그 이름이 후세에 전해질 뿐이다.

그리하여 <사기>를 완성한 사마천은 후세에 '역사의 성인'
으로 기록되어 전해져 오고 있다.

◦ 문왕은 폭군 주왕에 의해 유리옥에 갇혀 있으면서 자신이 처한 개인적인 어려움과 시대적 난세를 극복하고 앞으로 모든 백성들이 흉함을 피하고 길함을 얻게 하려는 생각에서 주역의 괘명과 단사를 지었다.

◦ 손빈은 친구 방연에게 배신당하여 무릎뼈를 도려내는 빈형을 당하여 세상에 쓸모없는 앉은뱅이가 되었지만, 돼지우리 속에서 미치광이처럼 행동 하면서 살아남았다. 그 후 위나라를 쳐서 조나라를 구하고 이름을 떨쳤다. 마침내 마릉 전투에서 방연을 자살케 하였다. 손빈은 공격을 중시하고 변화를 중요시하는 <손빈병법>을 세상에 남겼다.

◦ 공자는 천하주유 중 진나라와 채나라에서 고난을 당할 때 <춘추>를 지었다.

◦ 초나라 굴원은 조국에서 쫓겨나는 신세가 되어 유랑할 때 <이소>를 지었다.

◦ 좌구명은 실명하여 방황할 때 <국어>를 써서 남겼다.

◦ 법가 사상가 한비자는 진나라에 갇혀 지내며 <세난>과 <고분> 두 편을 지었다.

○ 정약용이 남긴 불후의 저술들은 억울한 귀양살이에 처하여 고난을 당할 때 남긴 산물들이다.

이런 사람들은 모두 어려움에 처하여 마음속에 울분이 맺혀 있는데 그것을 발산시킬 도리가 없었기 때문에 지나간 일들을 돌아보고 앞으로 다가올 일들을 생각 하였다. 죽을 고비를 넘겨야 산다. 그러한 때, 비로소 큰 일이 이루어진다.

눈보라가 몰아치는 길고 긴 겨울이 오래도록 계속될 것이다. 겨울은 제대로 추워야 한다. 오래도록 계속된 것은 언젠가는 그치기 마련이다. 길고 긴 겨울이 지나고 꽃피는 봄이 오면 동면의 시기에 제대로 뿌리를 내리고 발아한 씨앗만이 저마다 아름다운 꽃을 피우고 향기를 온 사방에 내뿜을 수 있다.

꽃이 피어야 봄이다. 봄은 겨울을 지나야 찾아온다. 이것이 우주만물이 살아가는 이치다.

3장

손자병법, 빅데이터에서 이기는 법을 찾다

사기의
손자열전

오나라 왕 합려는 제나라 사람 손무를 오나라 장군으로 삼았다. 사마천은 <사기> 손자열전에 이 사실을 기록하였다.

오왕 합려가 병법의 대가인 손무에게 말했다.
- 그대의 병법 13편을 내가 다 읽어 보았소. 그러나 목숨을 건 전쟁터에서 이론은 실제와 다른데, 책에 적힌 내용이 실제 전투상황에서 그대로 적용 가능할지 의심스럽소.
° 책에 적힌 내용과 실제가 똑같습니다.
- 그러면 궁궐에서만 살아온 궁녀들로 군대를 편성하여도 실제로 싸움에 나가는 군대처럼 지휘할 수 있겠소.
° 왕의 후궁들로 군대를 편성하여도 가능합니다.
손무는 오왕이 내려준, 부월을 들고 앞으로 나갔다. 부월은 왕이 전장에 나가는 대장군에게 손수 내려주는 큰 도끼와 작은 도끼로 군사들의 생살권(生殺權)을 쥐고 있음을 상징하는

53

것이다. 손무는 궁중에 있는 미녀들 180명을 2개의 군대로 나누어 편성하였다. 오왕 합려가 가장 아끼는 후궁 2명을 지명하여 대장으로 삼고 모두에게 쌍날창을 잡도록 명령하였다.

○ 내가 북을 치면서 "앞으로" 하면 가슴 쪽으로, "뒤로" 하면 등 쪽으로, "좌로" 하면 왼쪽으로, "우로" 하면 오른쪽으로 행진하라.

180명의 미녀들이 깔깔대고 웃으며 "네"라고 말했다.

손무는 큰 도끼와 작은 도끼를 가져오게 하고 장수와 군사의 의무를 다섯 번 설명하고 세 번 명령 하였다. 그리고 나서 오른쪽의 북을 치니 여자들이 또 깔깔대며 웃었다.

○ 병사들이 명령에 숙달되지 않은 것은 장수의 죄다.

손무가 다시 다섯 번 설명하고 세 번 호령하였다. 다시 왼쪽의 북을 치니 여자들이 또 깔깔대며 웃었다.

○ 약속이 불명하고 명령이 지켜지지 않으면 이는 장수의 죄다. 그러나 나는 각 대장들에게 명확하게 명령을 내렸지만, 군사들이 명령에 따르지 않은 것은 병사들을 감독하는 자의 죄다. 그러니 좌우 대장에게 그 죄를 묻겠다.

손무는 좌우에 있는 두 후궁의 목을 베려 하였다. 오왕 합려가 높은 시찰대 위에서 이 광경을 보고 있다가 가장 아끼는 두 후궁의 목을 베려하자 깜짝 놀랐다.

54

- 이미 군사를 잘 지휘함을 내가 똑똑히 지켜보았으니 내가 가장 아끼는 두 후궁의 목을 베지 말아 주시오.
- 이미 명령을 받아 대장군이 된 자는 전쟁에서 반드시 승리할 수 있으면 왕이 싸우지 말라고 할지라도 기필코 싸워야 하며, 승리할 수 없으면 왕이 반드시 싸우라고 할지라도 싸우지 않을 수 있습니다. 전쟁에 나선 장수는 군주의 명령을 마냥 받들 수만은 없습니다.

손무는 오왕 합려가 내려다보는 시찰대 앞에서 두 후궁의 목을 베어 버렸다. 그리고 오왕의 후궁 두 명을 다시 대장으로 삼아 북을 울리고 훈련을 시작하였다. 궁녀들은 목숨을 걸고 훈련에 임했고, 그 대열은 일직선으로 정확하게 정돈되었다.

- 군사들의 대오는 정돈되었습니다. 왕께서는 시험해 보시기 바랍니다. 왕께서 원하시면 군사들은 불속이나, 물속이라도 들어갈 것입니다.

오왕 합려가 말했다.
- 군사 훈련은 이만 끝내시오. 나는 더 보고 싶지 않소.
- 왕께서는 손자병법의 이론에만 집착 하시고, 병법의 실전을 볼 용기는 없으시군요.

그 후, 오왕 합려는 손무를 대장군으로 등용하여 서쪽으로는 초나라를 쳐부수고, 북쪽으로는 제나라와 진나라까지 위협할 만큼 오나라의 위세를 떨쳤다.

춘추전국시대에도 손자병법이 훌륭한 병법서임과 동시에 탁월한 실전 전략서로서 그 가치를 드러낸 역사적 사실임을 볼 수 있다. 전략(strategy)이란 말은 고대 그리스어 'strategos'에서 온 단어다. '군대의 지도자'를 의미한다. 전략은 전쟁의 기술이며 전쟁터에서 발전해 왔다.

손자병법은 5천 9백자로 적혀 있다.

- 적을 알고 나를 알면 백번 싸워도 위태롭지 아니하다.
- 전쟁은 국가의 흥망성쇠를 좌우하는 중대사이다. 전쟁은 흉하고 위험한 일이다. 신중하게 결정해야 한다.
- 전쟁은 주도권이 중요하다. 계략으로 적을 무찌르는 군대를 가장 으뜸으로 친다.
- 상대가 동맹관계를 맺어 나가면 이를 깨뜨려야 내가 살 수 있다.

이와 같은 손자병법은 현대 글로벌 비즈니스 전쟁터에서도 탁월한 지침서이면서 전략서이다. 개인의 인생 항로에도 밝은 빛을 비춰 줄 것이다.

손자병법,
빅데이터에서
이기는 법을 찾다

　　　　　세상을 살아가기가 점점 힘들어지고 있다. 글로벌 시대, 무한경쟁은 심화되고 살아가는 것이 전쟁인 시대이다. 불신과 불안, 불만의 늪에 빠진 채 허우적거리는 현대인에게 '어떻게 살아야 하는가?'하는 물음은 자기 생존에 대한 절박한 질문이다.

　　<렉서스와 올리버 나무>는 토마스 프리드만이 지은 책이다. 이 책은 미래에 가장 중요한 직업 두 가지는 전략가와 저널리스트라고 언급하고 있다. 전략가는 급변하는 세계에서 변화를 만들어 가고, 저널리스트는 그 세계를 쉽고 정확하게 전달해 나가는데서 그 가치를 찾을 수 있다. 역사 속에서 마주치는 그때 그 현장이나, 현재와 미래에도 전략의 소중한 가치는 변하지 않을 것이다.

57

손무의 <손자병법>과 미야모토 무사시의 <지·수·화·풍·공의 권>은 동양의 2대 병법서이다. 손무와 미야모토 무사시는 역사상 가장 돋보이는 2인의 전략가로 평가되고 있다.

손자병법은 1차 세계대전에서 패배한 독일의 황제 빌 헬름 2세가 "내가 손자병법을 20년 전에만 읽었더라면 이렇게 쓰라리게 패배하지는 않았으리라" 하고 탄식했던 책이다. 나폴레옹도 전쟁터에서 항상 지니고 다니면서 읽었다.

삼국지의 간웅 조조도 손자병법을 탐독하고 원문을 해석한 책을 남겼다. 손자병법은 싸우지 않고 이기는 것이 최상의 전략이라고 말하는 고차원의 철학서이며 심리학 서적이다.

손무는 자신이 전쟁을 치른 현장을 다시 찾아가서 자신의 체험과 전략을 현장에서 재확인하였다. 이러한 전투 현장의 빅데이터에서 뽑아내고 2천여 년 동안 검증된 위대한 전략서가 손자병법이다. 전쟁뿐만 아니라 인생의 문제까지 포괄적으로 다루고 있는 사상적 깊이가 손자병법을 뛰어난 전략서로서의 가치를 더해준다.
손자병법은 13편으로 구성되어 있다.

㉖ 제1편 시계(始計) ㉤

시계(始計)는 손자병법의 서론으로 전쟁을 계획하기 전에 깊이 생각해야함을 말하고 있다.

㉠ 전쟁은 나라의 중대사요 많은 사람의 생사가 걸려 있다. 나라의 흥망이 좌우되는 중대한 일이므로 신중히 생각해야 된다.

㉠ 장수는 전쟁을 시작하기 전에
   첫 날은 도(道)를 생각하여 모든 백성들의 뜻이 하나의
            대의명분으로 통일될 수 있는가를 살피고,
   둘째 날은 천문을 살피어 하늘의 뜻을 생각하고,
   셋째 날은 지형을 살피어 9가지 전쟁터의 지형을 전술적
            으로 활용할 방법을 생각하고,
   넷째 날은 장수들을 살피어 장수가 왕의 간섭을 받지 않
            고 전쟁에서 승리할 수 있는지를 생각하고,
   다섯째 날은 법제를 살피어 병사들이 절대 복종할 수 있
            도록 기강이 바로 세워져 있는지를 생각하라.

장수가 이 다섯 가지를 제대로 살피고, 생각하지 못하고 전쟁을 시작한다면 그 전쟁은 이길 수 없을 것이다.

㉖ 제2편 작전(作戰) ㉘

작전(作戰)은 전쟁에서의 군비문제와 군사의 동원, 군사의
보충 등 전쟁을 하는 방법에 대하여 말하고 있다.

㉖ 전쟁은 엄청난 자금과 물자가 소요된다. 전쟁은 오래 끌
면 끌수록 경제적 손실이 커진다. 전쟁은 속전속결로 끝
내야 한다.

㉖ 지혜로운 장군은 적지에서 식량을 얻는다. 전쟁을 할 때
에는 부족한 대로 빨리 결말을 지어야 한다. 교묘한 술책
으로 오래 끌어 이기는 법은 없다.

㉖ 전쟁은 승리가 중요한 것이지, 오래 버티는 지구전이 중
요한 것이 아니다.

㉚ 제3편 모공(謀攻) ㉘

모공(謀攻)은 싸우지 않고 계략으로 적을 이기는 방법에 대하여 말하고 있다.

㉥ 전쟁터에서 백번 싸워 백번 이기는 것만이 최선의 방법이 아니다. 싸우지 않고 적을 완전히 굴복 시키는 것이 최상의 전략이다.

㉥ 유방은 해하전투에서 항우를 물리친 이유를 이렇게 말했다.

° 천리 밖의 장막 속에 앉아 꾀를 부려 이기는 데는 내가 장량을 따르지 못한다. 후방에서 보급을 원활히 하는 데는 내가 소하만 못하다. 공격하여 반드시 이기고 성을 빼앗는 데는 내가 한신만 못하다. 나는 단지 천하의 세 사람을 제대로 쓸 줄 알았던 것, 그것뿐이다.

㉥ 전쟁을 하기 전에 미리 승리를 알 수 있는 다섯 가지가 있다.
① 싸울 때와, 싸워서는 안 될 때를 아는 자가 이긴다.

61

② 군사가 많거나 적거나 능숙하게 부릴 줄 아는 자가 이긴다.
③ 위와 아래가 같이 싸울 의지가 있으면 이긴다.
④ 철저히 대비해 놓고 적이 허술해지기를 기다리는 자가 이긴다.
⑤ 장수가 유능하고 왕이 간섭하지 않으면 이긴다.

孫 제4편 군형(軍形) 子

군형(軍形)은 공격과 수비를 위한 군의 배치형태에 대하여 말하고 있다. 지는 자는 먼저 싸운 후에 승리를 원하고, 이기는 자는 먼저 이긴 후에 전쟁을 시작한다.

孫 적이 이길 수 없게 만드는 것은 나의 수비이고, 내가 이기는 것은 공격에 있다. 병력이 적으면 수비하고 병력이 충분하면 공격하라.

孫 병력의 운용에는
① 지형지세를 판단하고,
② 전쟁터의 넓이를 살피고,
③ 적과 나의 투입 가능한 병사의 수를 계산하고,
④ 적과 나의 전투력과 전세를 비교하고,
⑤ 승리의 기회를 면밀하게 살펴야 한다.

㉧ 제5편 병세(兵勢) ㉿

병세(兵勢)는 군대를 조직하고 지휘할 때 힘이 움직이는 기세를 말한다. 많은 병력을 소수의 병력을 다루듯 하는 것은 군대의 조직과 편성에 있다.

㉧ 삼군이 어떠한 적의 침공을 받더라도 패하지 않게 하는 것은 기습전과 정면공격의 적절한 운용에 있다.

㉧ 해와 달이 뜨고 지듯, 사계절이 바뀌듯, 기습전과 정면공격의 시작과 끝의 구별이 따로 있는 것이 아니다. 그침이 있는 듯 하면서도 다시 살아나고 또한 지속적으로 이어져야 한다.

㉧ 다섯 가지의 색(五色), 다섯 가지의 음계(五音), 다섯 가지의 맛(五味)이 각각 어울려 무궁무진한 빛깔과, 무궁무진한 소리와, 무궁무진한 맛을 내듯이 전쟁의 형세도 기습전과 정면공격이 어울려 무궁무진한 전세의 변화를 가지고 온다.

64

孫 제6편 허실(虛實) 子

허실(虛実)은 준비가 없음(虚)과 준비가 되어 있음(実)을 말한다. 준비되지 않은 적을 공격하여 주도권을 잡는 것이 이기는 길이다.

- 兵 적이 편안하게 휴식을 취하고 있으면 적을 피로하게 만들고, 적의 식량이 풍족하면 적을 기아에 빠뜨리게 만들고, 적이 안정되어 있으면 적을 동요 시켜라.

- 兵 적의 의표를 찔러 적이 미처 예상하지 못한 방향으로 군사를 보내야 한다.

- 兵 적이 나의 공격 목표를 모르면 적의 방어망은 분산되고, 나와 싸울 적의 병력은 더욱 적어지게 된다.

- 兵 한번 승리를 거둔 방식은 반복하여 쓰지 말 것이며, 적의 형세에 따라 무궁무진하게 바꾸어야 한다.

- 兵 물이 고정된 형세가 없는 것처럼 군대의 배치에도 고정된 형세가 없다.

65

孫 제7편 군쟁(軍爭) 子

　군쟁(軍爭)은 전쟁에 있어서 기선을 장악하여 승리에 유리한
조건에 서는 것을 말한다.

㋙ 전쟁은 장비와 보급품을 잃고, 군량의 보급이 없으면 패
　배하며 물자의 비축이 없어도 패배한다.

㋙ 전쟁은 적을 속여 나의 의도를 파악하지 못하게 해야 하
　며, 유리한 상황일 때 상대를 치고, 상황에 따라 적을 속
　여서 임기응변의 전략으로 적을 당황하게 만들어야 한다.
　전쟁은 속임수로 이루어지는 것이다.

㋙ 싸울 때는 바람처럼 빨라야 하고, 숲처럼 고요하기도 해
　야 한다. 공격 할 때는 불길처럼 맹렬하기도 해야 하지
　만, 움직이지 말아야 할 때는 큰 산이 묵직하게 놓여있는
　것처럼 해야 한다.

孫 제8편 구변(九變) 子

구변(九変)은 전쟁에 승리하기 위한 아홉 가지 변칙을 말한다. 정도를 가는 것이 원칙이지만 원칙만 알고 변칙을 모르면 전쟁에서 살아남지 못한다.

匡 장수가 전쟁터로 행군을 할 때에
① 늪지대나 황폐한 땅에 군사를 쉬게 해서는 안된다.
② 제3국 접경은 외교로 인접국 협조를 얻어야 한다.
③ 계곡, 적진 깊숙한 곳은 오래 머물지 말아야 한다.
④ 지형이 험하고 막힌 곳은 교묘한 계략으로 빨리 벗어나야 한다.
⑤ 사지에 빠졌을 때는 죽기 살기로 온힘을 다하여 싸워야 한다.
⑥ 행군하는 길에는 통과해서는 안 되는 길이 있다.
⑦ 전쟁이란 실(実)로써 적의 허(虚)를 치는 것이다. 빈틈없이 준비된 적은 공격하지 말아야 한다.
⑧ 공격할 성곽과 안해야할 성곽을 구별해야 한다.
⑨ 공격하기 어려운 적지는 다투어 공격할 필요가 없다.

㉠ 제9편 행군(行軍) ㉡

　행군(行軍)은 전쟁터에서 세심하게 살펴야 할 주의사항이다. 전투에 직면하여 지형에 따라 행군해야 할 곳과 피해야 할 곳, 지형지세와 적들의 움직임에서 적진의 상황을 간파하는 방법을 말하고 있다.

㉥ 행군할 때, 전투할 때는 지형지세를 고려해야 한다.

㉥ 산악지대는 계곡의 수초를 따라 이동하고, 강을 건널 때는 강변에서 멀리 떨어진 곳에 진을 쳐야 한다.

㉥ 갯벌이나 습지를 이동할 때는 지체 없이 신속하게 건너야 한다. 진을 칠 때는 건조한 고지를 택하고 습기 찬 저지대를 피해야 한다.

㉥ 적진의 막사위에 새떼가 모여 있다면 병력이 없어 텅 빈 징후다.

㉥ 적이 사자를 보내어 겸손한 태도를 보이면, 적이 피로 하여 휴전을 모색하는 징후다.

㊚ 제10편 지형(地形) ㊤

  지형(地形)은 전쟁에서 여섯 가지 지형을 판단함도 장수의 몫이요. 여섯 가지 패배도 장수의 잘못에서 비롯됨을 말하고 있다.

㊖ 전쟁을 아는 장수는 움직이면 헤매는 일이 없고, 궁지에
   몰리지 않는다. 적을 알고 나를 알면 승리에 위태롭지 않
   으며, 천시를 알고 지리를 알면 온전한 승리를 얻을 수
   있다.

㊖ 지형에는 여섯 가지가 있다.
  ① 평원지대와 같이 적이나 아군이 쉽게 드나들 수 있는
    통(通)형.
  ② 가기는 쉬우나 돌아오기는 힘든, 매달아놓은 듯한 급경
    사지 괘(挂)형.
  ③ 서로 노리고 있는 요충지지만 적이 나가도 불리하고,
    아군이 나와도 불리한 지(支)형.
  ④ 높은 산과 절벽으로 둘러싸이고 절벽 사이에 좁고 막
    힌 길이 있는 애(隘)형.
  ⑤ 길이 불편하고 지형이 험난한 난공의 요충지 험(險)형.

69

⑥ 적과 아군의 진지에서 거리가 멀고 긴 길이어서 보급
품의 운반이 어려운 원(遠)형이 있다.

장수는 여섯 가지 지형을 신중히 살펴야 한다.

㊂ 전쟁에 패배하는 데는 여섯 가지 원인이 있다.
  ① 싸우기도 전에 달아나는 군사 주(走)군.
  ② 기강이 느슨해서 해이해진 병사 이(弛)군.
  ③ 군사들이 감당할 수 없는 명령으로 땅속으로 무너져
  내리는 상태의 함(陷)군.
  ④ 산사태가 나듯이 위계질서가 무너져 내리는 붕(崩)군.
  ⑤ 싸워서 패배하여 도망가는 군대인 배(北)군.
  ⑥ 장수가 나약하고 병사의 교육이 제대로 되지 않아 질서
  없이 뒤섞여 혼란스러운 군대인 난(亂)군이 전쟁에 패
  배하는 여섯 가지 원인이 된다.

  지형의 험악과 도로의 원근을 살피는 것은 장수의 책임이
다. 이렇게 패전하는 싸움은 모두가 장수의 과실에서 생기는
것이다.

孫 제11편 구지(九地) 子

구지(九地)는 전쟁에 대한 각론이다. 전쟁터의 아홉 가지 지형의 성격에 따라 실전에서 유리한 상태를 확보할 수 있는 전술과 작전방법에 대하여 말하고 있다.

孫 전쟁터의 지형에는 아홉 가지가 있다.
① 자국 영토안의 전장으로 병사들의 마음이 흩어지기 쉬운 곳을 산(散)지.
② 적지에 깊이 들어가지 않아서 병사들이 도망가기 쉬운 곳을 경(輕)지.
③ 적군과 아군이 점령하면 유리하여 서로 먼저 차지 하려는 곳을 쟁(爭)지.
④ 교통이 편리하여 적과 아군이 서로 공격하기에 편리한 곳을 교(交)지.
⑤ 제3국과 인접한 교통 요충지로서 먼저 차지하는 측이 천하를 얻을 수 있는 곳을 구(衢)지.
⑥ 적지에 깊숙이 침입하여 배후에 강력한 적을 두고 있는 곳을 중(重)지
⑦ 산악지대, 좁은 길 등 험난하고 기후가 좋지 않아 행군하기 어려운 곳을 비(圮)지.

71

⑧ 높은 산에 둘러싸여 진입로가 막혀서 험난하고, 돌아올 때는 멀리 돌아서 와야 하는 곳을 위(圍)지.

⑨ 앞뒤가 막히고 옆으로도 탈출구가 없어 죽기를 각오하고 싸우면 살 수 있고, 그렇지 못하면 전멸 당하는 곳을 사(死)지.

㊀ 장수가 군사를 통솔함에는 항상 침착하고 냉철하며, 엄정하고도 조리가 있어야 한다.

진지를 변환하거나 행군로를 우회시킬 때, 이를 병사들이 알게 해서는 안된다.

㊀ 장수가 일단 전쟁을 시작하면 지붕위에 사람을 올려 놓고 사다리를 걷어 버리듯, 강을 건넌 후에는 배를 불태워 버리듯, 장병들이 오직 전투에만 전념하도록 해야 한다.

전군을 최악의 궁지에 몰아넣고 그들로 하여금 결사적으로 싸우게 믿드는 것이 비로 장수의 임무다.

㊀ 아홉 가지 지형지세의 변화를 살펴서 진퇴를 판단하고, 병사들의 마음의 동요를 신중히 살피는 것이 장수 된 자가 항상 유념해야할 일이다.

ⓟ 전쟁이 시작되기 전에는 처녀처럼 조용하여 적의 경계심이 풀어지도록 한다. 전쟁이 시작되면 그물을 벗어난 토끼처럼 무서운 속도로 적을 공격하여 적이 미처 저항 하지 못하도록 하여야 한다.

㉚ 제12편 화공(火攻) ㉛

화공(火攻)은 불로 공격하는 적절한 때와 조건, 화공의 대상 다섯 가지에 대하여 말하고 있다.

㉿ 화공의 목표에는 다섯 가지가 있다.
　① 적의 막사에 불을 질러 사람을 불태운다.
　② 적이 쌓아놓은 물자를 불태운다.
　③ 적의 군수품을 운반하는 말에 실은 짐을 불태운다.
　④ 적의 창고를 불태운다.
　⑤ 적의 부대를 불태운다.

화공은 상황변화에 따라 유연하게 대처하고, 임기응변으로 하여야 한다.

㉿ 군주는 일시적 분노 때문에 전쟁을 일으켜서는 안된다.
　장수는 일시적 걱정 때문에 전투를 하여서는 안된다. 분
　노는 시간이 흐르면 다시 기쁨으로 바뀔 수 있지만, 나라
　는 한번 멸망하면 다시 일으킬 수 없고 죽은 목숨은 다
　시 살릴 수 없기 때문이다.

㉞ 제13편 용간(用間) ㉙

용간(用間)은 간첩을 활용하는 다섯 가지 유형에 대하여 말하고 있다. 007 첩보작전은 용병에 있어서 가장 중요한 부분이며, 또한 전쟁을 마무리하는 방법이기도 하다.

㉕ 간첩에는 다섯 가지 유형이 있다.
① 향(鄕)간은 적지의 주민을 간첩으로 쓰는 것을 말한다.
② 내(內)간은 적의 관리를 매수하여 간첩으로 이용하는 것을 말한다.
③ 반(反)간은 이중간첩으로 적의 간첩을 매수하여 역이용하는 것을 말한다.
④ 사(死)간은 고의로 적지에 밀파하여 허위정보를 제공하고 붙잡혀 죽게 만드는 간첩을 말한다.
⑤ 생(生)간은 적지에 밀파되어 정보활동을 하고 살아 돌아와 정보를 알려주는 간첩을 말한다.

㉕ 장수는 가장 믿을 수 있는 심복을 간첩으로 쓰고, 간첩을 누구보다 우대해 주어야 하며 간첩의 운용은 무엇보다 비밀리에 해야 한다.

손자병법의 전략

13편	전 략	내 용
1편 시계	전쟁하기 전의 계획	전쟁은 국가의 흥망과 직결. 국가 전체의 입장에서 계획 필요.
2편 작전	전쟁을 하는 방법	전쟁을 하는 기본 전략.
3편 모공	공격의 전략	싸우지 않고 이기는 방법을 최상의 전략으로 삼는다.
4편 군형	공격과 수비의 형세	응전태세를 갖춰놓고 적의 약점을 공격하라.
5편 병세	기습 전략	기습작전과 정면공격의 병행사용. 군대의 편성에 대한 설명.
6편 허실	적을 기만하라	적의 허점을 찌르기. 허와 실에 대하여 설명.
7편 군쟁	이기기 위한 목표	이로운 점은 살리고, 불리한 점은 이롭게 전환하는 것이 전술이다.
8편 구변	임기응변의 용병술	지형지세의 9가지 변화에 능통해야함을 설명.
9편 행군	군대의 행군과 정찰의 원칙	적을 향하여 진군할 때의 행군. 전투에서 지형지세 판단.
10편 지형	전쟁과 지형의 관계	적과 싸울 때의 지형적 판단을 여섯 가지 유형으로 분류.
11편 구지	전쟁터의 활용법	전쟁터의 9가지 지형지세를 활용하는 방법.
12편 화공	불로 공격하는 방법	불로 공격하는 조건과 때를 다섯 가지 유형으로 분류.
13편 용간	간첩을 활용한 정보전	간첩을 다섯 가지 유형으로 분류. 정보작전을 수행하는 방법.

4장

울지 않는
두견새를
울려라

전국시대

　　주나라 초기에 1,800여 개에 달했던 씨족 사회 중심의 제후 국가는 주변의 지배를 확대해 나가는 약육강식의 싸움을 벌여 나갔다. 기원전 771년 이민족인 흉노족의 침입을 받은 주나라가 수도를 동쪽의 낙양으로 옮긴 이후, 천자는 권위를 잃고 제후가 서로 다투는 난세의 춘추전국시대가 되었다. 140여 개에 이른 제후국들은 서로 싸움을 벌여 나갔다.

　기원전 403년 진나라가 한·위·조 3국으로 분리되던 때부터 221년 진시황이 천하를 통일할 때까지 전국 7웅(한·위·조·제·연·초·진)이 중원의 패권을 다투던 170여 년간이 중국 대륙의 전국시대다. 난세였다.

　전국시대는 제후들이 부국강병책을 추구하면서 봉건제도가 무너지고 새로운 지배체제를 주장하는 제자백가가 등장한 대변혁의 시기였다.

　1192년 일본에서 미나모토노 요리토모가 가마쿠라 막부를 창건하여 쇼군이 되었다. 이는 본격적으로 무사가 지배하는 시대를 알리는 첫걸음이었다. 일본 전국시대는 1467년 무로마치 막부시대에 일어난 '오닌의 난'(1467-1477)으 로부터 시작되었다. 전국시대는 군웅할거의 시대로 영웅호걸들이 나타나 서로 천하를 차지하겠다고 하늘아래에서 백화난방으로 피고 지는 형세를 살피는 시대였다. 정세는 다이묘나 호족들 뿐만 아니라 도요토미 히데요시 같은 농민의 아들까지도 천하쟁패의 대열에 참가하는 극히 유동적인 시대였다.

오랜 전란에 지친 농민과 상인들은 천하의 난세가 끝나고 평화의 시대가 오기를 갈망하고 있었다. 1600년 세키가하라 전투에서 대항세력을 완전히 물리친 도쿠가와 이에야스는 1603년 에도 막부의 초대 쇼군이 되었다. 도쿠가와 이에야스가 '오사카 여름전투'에서 도요토미 히데요시의 아들 도요토미 히데요리를 격파하여 도요토미 가문을 무너뜨린 1615년, 140여 년간 전란으로 지속되던 전국시대는 막을 내리게 되었다.

전국시대는 막부정치를 지배하던 쇼군과 제후의 힘이 약화되어 지방의 호족과 무사들이 전국 각지에서 떨쳐 일어나던 어지럽고 혼란한 시대였다. 260여 년간 계속된 에도 막부가 끝나고 1868년 메이지 유신까지 일본인들은 670여 년간 무사가 지배하던 시대를 살아왔다.

전쟁과 분열로 치닫던 난세의 전국시대가 막을 내리고 260여 년간 평화의 시대를 열게 된 배경에는 오다 노부나가와 도요토미 히데요시, 도쿠가와 이에야스의 서로 다른 리더십과 전국시대를 배경으로 한 역할 드라마가 있었다.

최후의 승리자는 도쿠가와 이에야스였다.

울지 않는 두견새를 울려라

일본 전국시대 말기를 살았던 오다 노부나가, 도요토미 히데요시, 도쿠가와 이에야스가 울지 않는 두견새를 울게 만드는 이야기는 세 사람의 서로 다른 리더십과 역사와 인생을 대하는 태도를 보여준다.

◦ 오다 노부나가 : 울지 않는 두견새는 죽여 버린다.
◦ 도요토미 히데요시 : 울지 않는 두견새는 울게 만든다.
◦ 도쿠가와 이에야스 : 두견새는 울게 마련이다. 울지 않는 두견새는 울 때까지 기다린다.

구시대를 파괴하고 새로운 시대를 혁신적으로 만들어 나간 오다 노부나가가 솥과 쌀을 씻고, 도요토미 히데요시가 고생하여 만든 '천하'라는 떡을, 떡이 되기를 인내하며 기다렸던 도쿠가와 이에야스가 손가락 하나 까딱하지 않고 간단히 먹어 버렸다.

오다 노부나가는 구시대를 파괴하고, 오다 노부나가가 붕괴시킨 황무지에 도요토미 히데요시는 일본을 통일하여 새로운 시대를 열고, 도쿠가와 이에야스는 일본 전국시대를 끝내고 지속가능한 평화의 시대를 구축하였다.

울지 않는 두견새가 울 때까지 인내하며 기다린 도쿠가와 이에야스가 전국시대 최후의 승리자로서 260여 년간 지속된 에도막부의 초대 쇼군에 올라 대전환의 시대가 시작되었다. 시대가 바뀐 것이다.
미야모토 무사시 나이 20세 때 일이다.

㊀ 오다 노부나가(1534-1582) ㊁

　　　　　오다 노부나가는 다케다군을 격파하여 천하통일의 토대를 구축해 가던 시기에, 그가 살고 있던 아즈치성으로 도쿠가와 이에야스를 초대하여 향연을 베풀었다. 두 사람이 헤어진 후, 오다 노부나가는 자신이 실력 우선 정책으로 등용하여 출세시킨 신참 영주 아케치 미쓰히데에게 모리 가문 토벌을 위해 출전하도록 명령을 내렸다.

　　그러나 아케치 미스히데는 오다 노부나가를 교토 혼노사로 유인하고 "적은 혼노사에 있다"고 소리치며 출전 병사들에게 교토 혼노사에 있는 오다 노부나가를 치게 하였다. 모반이었다. 오다 노부나가는 1582년 6월 2일 혼노사에서 자살로 생을 마감하였다. 그때 나이 49세였다.

　　내부에 적이 있다는 뜻으로 "적은 혼노사에 있다"는 말이 뭇사람들의 입에 오르내리는 혼란스럽고 소란한 시대, 난세였다.

　　교토에서 먼 거리인 오카야마 빗쮸에서 신속하게 달려와 민첩한 상황 판단력으로 실권을 잡은 도요토미 히데요시는 1590년 7월 13일 도쿠가와 이에야스의 영지를 지금의 도쿄

84

인 간토로 바꾼다는 사실을 발표하였다. 이후, 1598년 도요토미 히데요시가 병석에서 63세에 사망하고, 1600년 도쿠가와 이에야스는 일본 열도의 주도권을 잡는 분수령이 된 세키가하라 전투에서 승리하였다.

오다 노부나가의 일생은 모략과 모반의 연속이었다. 오다 노부나가는 경쟁자인 사이토 도산의 딸 노히메와 정략결혼을 하였다. 오다 노부나가는 아내 노히메를 대상으로 손자병법의 이중간첩을 역이용하는 반간계(反間計)를 꾸몄다.

매일 밤 잠결에 살며시 빠져나가는 오다 노부나가를 이상하게 생각하는 노히메에게 오다 노부나가가 말했다.

◦ 부부사이에는 비밀이 없다오. 내가 매일 밤 잠결에 살며시 빠져나가는 것은 내가 장인 사이토 도산의 신하 두 명과 밀통하고 있기 때문이오. 그들이 장인을 죽이고 봉화를 올리면 바로 쳐들어가기로 미리 밀약을 했소. 그래서 매일 밤마다 봉화가 피어오르는지 확인하고 있다오. 이 비밀은 누구에게도 누설하지 마시오.

노히메는 친정 아버지 사이토 도산에게 이 사실을 알렸다. 사이토 도산은 크게 놀라 그의 신하 2명을 즉시 처형 하였다. 오다 노부나가의 반간계가 성공하는 순간이었다. 난세인 전국시대를 살아가는 인간 군상들의 적나라한 모습이 보인다.

㊩ 오다 노부나가, 일본 최초로 철포 3열 전술을 개발.

일본 전국시대 전쟁은 먼저 선두에 선 병사들이 긴 창을 앞으로 내세우고 적진을 향해 곧바로 돌진하였다. 적과 맞부딪치면 창이 긴 쪽이 먼저 적을 찌르게 된다. 오다 노부나가는 짧은 창을 없애고 창의 길이를 길게 하였다. 그러나 긴 창도 철포 앞에서는 무력한 것이다.

일본에서 철포를 전쟁에 가장 먼저 사용한 사람은 다케다 신겐이었다. 그러나 철포 한 발을 쏘고 나서 다음 한 발을 장전하는 사이에 적병의 칼에 죽어가는 것을 본 다케다 신겐은 철포는 전투에 도움이 되지 않는다고 포기 하였다. 이 당시 철포는 일일이 화약을 불에 붙여 폭파시켜서 한발씩 발사 하였다. 다시 초연을 닦아내고, 화약을 채우고, 심지에 불을 붙이고, 이 불이 꺼지지 않도록 기다려서 화약을 폭파시키는 동작은 철포를 발사할 때까지 많은 시간이 소요 되었다.

오다 노부나가는 철포부대를 세 줄로 세웠다. 첫 번째 줄이 발사하고, 다음으로 두 번째 줄이 발사하고, 세 번째 줄이 연속적으로 발사하고 나면, 첫 번째 줄은 다음 철포 장전이 완료되어 있었다. 철포 장전에 걸리는 시간의 갭을 메워버린 것이다.

오다 노부나가는 철포 3열 전술로 나가시노 전투에서 다케다군의 기마군단을 전멸시켰다. 오다 노부나가의 혁신적 전술이 빛을 발하는 순간이었다.

㉙ 오다 노부나가는 모든 것을 힘으로 밀어붙이는 불같은 성
격의 소유자였다.

㉙ 일본 전국시대 무사가 출정할 때에는, 말을 타고 가는 상
급 무사 주위에는 하급무사인 사무라이와 마부, 긴 창을
들고 다니는 병사, 주인의 짚신을 들고 다니는 조리토리,
짐을 운반하는 노복이 따른다. 도요토미 히데요시는 한때
오다 노부나가의 짚신을 들고 따라 다니는 조리토리였다.
오다 노부나가는 얼굴이 원숭이처럼 생긴 도요토미 히데
요시를 '원숭이'라고 불렀다. 볼품없는 얼굴에 잘 어울리
는 적절한 별명이었다.

㉙ 인간사 오십년, 돌고 도는 세월 꿈같구나. 한번 태어나
죽지 않는 자 누구인가?
'인생 오십년'이라는 말을 자주 사용하고 승마와 운동을
즐겼던 시대의 풍운아 오다 노부나가는 49세로 생을 마
감하였다.

㉙ 오다 노부나가는 일본인들이 일본 역사 속 인물 중에서
가장 좋아하는 인물 1위에 선정되고 있다.

㉧ 도요토미 히데요시(1536-1598) 國

　　　　도요토미 히데요시는 오와리국에서 농민의 아들로 태어난 최하급 무사 출신이었다. 오다 노부나가가 '원숭이'라고 부를 만큼 볼품없는 외모였으나 하급무사로서 점차 두각을 나타내었다. 1582년 혼노사에서 정변을 일으킨 아케치 미쓰히데를 주군 오다 노부나가의 원수를 갚는다는 명분으로 죽이고 천하통일의 실권을 장악해 나갔다.

　　오사카성을 건축하고 반대파 다이묘들을 제거해 나가면서 1592년 전국시대 일본을 통일한 도요토미 히데요시는, 명나라를 정복하기 위한 진입로 확보를 명분으로, 30만 대군으로 조선 침략을 감행하였다. 이것이 1592년 임진왜란, 1597년 정유재란이다.

　　조선 침략군중 22세의 '사야가'는 부산으로 상륙하자마자 "이 싸움은 대의명분이 없다"고 선언하고 조선군을 도와 총포 제조술을 지도하였다. '사야가'는 조선의 장군까지 올라 김충선이라는 이름으로 조선 땅(대구광역시 우록리)을 하사받아 72세까지 살았다.

　　도요토미 히데요시는 조선 침략으로 국력을 소진시킨 후,

후시미성에서 63세에 병사하였다.

㊌ 몸의 일생은 이슬중의 이슬이요, 오사카의 영화는 꿈속의 꿈이로다.

도요토미 히데요시가 병사로 죽기 전에 남긴 말이다.

㊌ 오다 노부나가가 구시대를 붕괴시키고 남긴 황량한 땅에 새로운 시대 건설을 시도하였다면, 태생이 비천한 농민의 아들 신분이었던 도요토미 히데요시는 한번 마음먹은 일은 반드시 실천하는 모략가형이었다.

㊌ 아리마의 온천을 찾는 등 온천 요양지에서 전략을 구상하기를 좋아 하였다.

도쿠가와 이에야스는 오다 노부나가가 아즈치 성에서 베푼 향연에 참석하고 헤어진 후, 사카이를 여행할 때 아케치 미쓰히데의 반란으로 오다 노부나가가 교토 혼노사에서 자살하였다는 소식을 듣는다. 도요토미 히데요시가 주군의 복수를 명분으로 아케치 미쓰히데를 토벌하고 천하통일의 주도권을 장악해 나가자, 자신의 영지인 간토 지방의 세력 확대에 전력을 기울여 나갔다.

도요토미 히데요시가 죽은 후, 1600년 세키가하라 전투에서 이시다 미쓰나리 등 서군을 격파하고 전국시대 최종적인 승리자가 되었다. 1603년에는 천하의 지배자로 공인받아 에도막부의 초대 쇼군이 되었다. 1614년 오사카 겨울 전투와 1615년 오사카 여름전투를 직접 지휘해서 도요토미 일가를 멸망시켰다. 마침내 전국시대를 마감한 도쿠가와 이에야스는 260여 년간 일본 통치의 기틀이 된 겐나엔부(무기를 창고에 넣고 자물쇠를 채운다)를 선언하였다. 시대가 바뀐 것이다.

武 몸의 일생은 무거운 짐을 지고 먼 길을 가는 것과 같다. 결코 서두르지 말아라. 참고 견딤은 무사장구(無事長久)의 근원이다. 이 말을 결코 잊지 말아라.

㊠ 전국시대를 끝내고 일본 열도에 지속가능한 평화의 시대를 구축하였다.

㊠ 새로운 영지인 간토지역 건설을 핑계로 조선 침공에 군사 지원을 반대하면서 내부적으로 힘을 길렀다.

㊠ 매사냥을 즐기고 조심성이 많았다. 얕은 강을 건널 때 조차, 말에서 내려 부하의 등에 업혀서 건넜다.

㊠ 무사가 주도하는 정권 수립을 지향하여 무사 중심의 사회 체제를 만들어 나갔다.

5장

불째의 구도자,
검성
미야모토 무사시

홀로
가는 길

　　　　　지피지기면 백전불태, 먼저 적을 정확하게 알
고, 자기를 있는 그대로 바로 보면 백번 싸워도 위태롭지 아
니하다. 우리나라는 지난 5천년 동안 931회의 크고 작은 외
침을 당했다. 그 외침의 75%는 중국의 대륙세력에서 왔다.
또한 지난 5백년 동안 해양세력인 일본으로부터 49회의 침략
을 당했다.

　미래는 과거에 있다. 역사를 거울이라고 한다. 그 역사의
거울에 오늘의 자기를 비추어 볼 줄 아는 것이 지혜다. 역사
를 오늘의 거울로 삼아 비춰 보고 성찰하지 않으면 인간의
삶과 역사는 세포속의 유전자 DNA같이 반복적으로 지난 일
들을 되풀이한다는 것이 역사적 교훈이다. 동양의 2대 전략서
인 손자병법과 쌍칼중도검법의 창시자 미야모토 무사시의 생

95

애와 불패의 결투를 살펴보고자 하는 것은 역사의 거울에 비추어 오늘날 우리의 문제를 해결해 나가는 데 있어 지피지기(적의 형편과 나의 형편을 자세히 앎)의 도구로 삼고자하기 때문이다. 사람이 세상을 살아간다는 것은 생존경쟁이다. 이것은 난세의 전쟁터에서 살아남는 것과 다를 바 없는 일이다. 어지럽고 혼란한 대변혁의 시대에 살아남기 위해서는 낙오 되지 않고 이기는 방법을 찾아야 한다.

일본 다이묘들의 관심이 오로지 전투에서 이기는 법 만을 찾아가던 전국시대가 끝나고, 무사들이 지배하던 에도시대(1603-1867)를 지나 메이지 유신(1868)으로 제국주의 시대를 열어간 일본의 정신세계는 무사도가 지배하고 있었다.

사무라이들은 봉건 영주인 다이묘를 주군으로 모시고, 전쟁터에서 싸우고 승리함으로써 명예와 봉록을 얻었다. 반면에 한국의 전통사회는 유교적 소양교육을 받은 사대부들이 5백년 동안 조선을 지배해 온 문인 중심의 선비사회였다.

사무라이 집단이 가마쿠라 막부, 무로마치 막부, 전국시대, 그리고 이어서 에도 막부까지 670여 년간 사회를 지배해 온 일본과 같은 경우는, 세계역사에서 유사한 예를 찾아 볼 수 없는 매우 독특하고 유일한 사회체제라고 할 수 있다.

사무라이들은 전국시대 혼란기, 난세에는 모시던 주군도 필요에 따라 수시로 바꾸었고, 어떻게 살아남을 것인가가 그들의 주된 관심사였었다. 일본의 근세, 에도 막부 평화기가 되자 무사들의 관심은 어떻게 죽을 것인가로 바뀌었다.

현재 세계적으로 알려져 있는 일본의 무사도는 1702년 '아코 사건'에서 그 예를 찾을 수 있다. 2년 가까운 와신상담 끝에 47인의 무사는 끝내 원수를 살해하고 억울하게 죽은 주군의 복수를 하였다. 복수를 끝낸 47인의 무사는 에도 막부의 5대 쇼군 도쿠가와 츠나요시로부터 할복 명령을 받아 할복으로 생을 마친다는 내용이다.

주군을 위해 목숨을 바치는 47인의 사무라이 이야기는 서민들의 절대적인 동정을 받아 문학작품으로, 또 연극 '47인의 사무라이'로 300년 동안 일본 사회의 저변에 전해져 내려오고 있다. 그러나 죽음을 미화해서, 희생과 죽음을 강요해서는 안 될 것이다.

일본인들은 꽃 중에 벚꽃을 으뜸으로 치고 사무라이를 벚꽃에 비유한다. 하얀 벚꽃이 한꺼번에 지는 광경을 일본인들은 가장 아름답다고 생각한다.
벚꽃이 한꺼번에 소리 없이 떨어지는 순간처럼 주군을 위해 목숨을 바치고, 미련 없이 가버리는 충성스런 사무라이들

97

을 최고의 무사로 평가한다. 47인의 사무라이 같은 이야기가 많이 전해져 내려오는 이유다.

무사들의 지배가 시작된 12세기부터 일본에서는 장인들의 지위가 향상 되고 있었는데, 1600년 세키가하라 전투에서 대항 세력을 물리치고 도쿠가와 이에야스가 새로운 시대의 패자가 될 무렵, 장인들은 꽤 많은 권력을 소유하게 되었다.

이러한 정치적, 경제적, 사회적 시대배경 속에서 미야모토 무사시는 진검승부의 실전현장에서 목숨을 걸고 부딪치고, 이치를 터득해 나간 병법과 인생의 이치를 <독행도>, <지·수·화·풍·공의 권>, <병법 35개조>에 남겨 놓았다. 불경이나, 유교 경전, 전해오는 병법서를 인용하지 않고 오직 자신만의 언어로 온몸을 다해 한자 한자 기술해 놓은 글들이다.

獨 독행도 行

- 獨 옛적과 지금의 도(道)를 거스르지 않는다.
- 獨 내 육신의 향락과 안락함에 빠지지 않는다.
- 獨 어떠한 일도 남의 탓을 하지 않는다.
- 獨 세상일은 중(重)히 여기고 나의 일은 가볍게 생각한다.
- 獨 살아 한평생 욕심을 부리지 않는다.
- 獨 이미 행동한 일에 대해서는 후회하지 않는다.
- 獨 선한 일이든 악한 일이든 남을 시샘하지 않는다.
- 獨 어떠한 경우에도 이별을 슬퍼하지 않는다.
- 獨 자신이나, 남에게 원망하는 마음을 갖지 않는다.
- 獨 연모의 정 때문에 흔들리는 마음이 되지 않는다.
- 獨 어떠한 일에도 좋아하거나 싫어하거나 집착하는 마음을 갖지 않는다.
- 獨 자신이 자리 잡고 머무를 집을 갖고자 하지 않는다.
- 獨 자신만을 위해 맛있거나 좋은 음식을 탐내지 않는다.
- 獨 값이 나가고 오래된 소장품을 일체 지니지 않는다.
- 獨 내 몸을 사리게 하는 금기(禁忌)사항을 두지 않는다.
- 獨 무구(武具)들은 각별하게 챙기고 다른 기구들은 관심을 두지 않는다.

99

獨 병법의 도를 얻기 위해서 죽음도 마다하지 않는다.

獨 늙은 이 몸을 위하여 필요한 권세와 재물은 없다.

獨 부처와 신(神)을 공경하여 믿고 받들되, 의존하지는 않
   는다.

獨 목숨은 버릴지언정 명예는 버리지 않는다.

獨 이 생명이 다할 때까지 항상 병법의 도에서 떠나지 않
   는다.

생의 마지막 순간에 도달한 미야모토 무사시는 '불패의 검'
의 최고 경지는 검선일여(劍禅一如)임을 깨닫고, 1645년 5월
12일 <독행도>를 붓으로 써내려갔다. <독행도>를 완성한 미
야모토 무사시는 1645년 5월 19일 세상을 떠났다.

불패의 구도자,
검성
미야모토 무사시

미야모토 무사시의 원래 이름은 신멘 무사시이다. 1584년 오카야먀현 미야모토 마을에서 태어났다. 미야모토 무사시는 여기저기 떠돌아다니는 떠돌이 검객이었던 아버지를 따라 어린 시절부터 병법의 도에 뜻을 두고 아버지 신멘 무니사이로부터 도리류의 병법을 배웠다.

29살까지 방방곡곡을 다니며 여러 유파의 병법자들과 60여 차례의 진검승부에서 단 한 차례도 지지 않았다.

㉁ 열세 살에 처음으로 신토류 검법의 아지마 기헤이와 결투를 벌여 이겼다.

㉿ 열여섯 살에 아키야마와 효고현 북부지방 다지마에서 결투를 벌여 이겼다.

㉿ 열일곱 살인 1600년에 도요토미 히데요시측의 서군으로 세키가하라 전투에 참가하였다. 기후현 세키가하라 전투에서 대항세력을 격파한 도쿠가와 이에야스는 천하패권의 주도권을 잡아 1603년 에도 막부의 초대 쇼군이 되었다.

㉿ 스물한 살에 교토로 올라가서 천하제일의 검객들과 만나 몇 차례의 결투를 벌여서 모두 이겼다.

- 요시오카 세이주루와 교토 야마시로 교외의 렌다이노에서 결투하여 이겼다.
- 요시오카 덴시치로와 야마시로 교외에서 결투하여 이겼다.
- 요시오카 마타시치로와 야마시로 교외의 이치조사 사가리마쓰 주변에서 결투하여 이겼다.

교토 '이치조사의 결투'로 세상에 널리 이름을 떨치게 되었고, 결투 현장에는 현재 기념비가 세워져 있다.

決 사사키 고지로와 간류지마에서의 결투 鬪

武 미야모토 무사시는 스물아홉 살이었던 1612년 지금의 시모노세키 관몬해협에 있는 간류지마에서 사사키 고지로와 결투하여 이겼다. 사사키 고지로는 '바지랑대'라 불리는 3척 1촌에 달하는 장검을 사용하였다. 먼저 칼을 베고 그 반동의 힘으로 이어서 사람을 벤다는 필살기인 '제비 돌리기' 검법으로 당시 명성을 날리고 있던 검객이었다.

미야모토 무사시는 배를 젓는 노를 직접 깎아 4척 2촌 길이의 목검을 만들었다. '바지랑대'라 불리는 장검의 칼날에 부딪쳐도 부러지지 않는, 노로 만든 목검은 영리한 무기가 되었을 것이다.

돛이 없는 작은 거룻배를 타고 정해진 시각 보다 늦게 간류지마에 도착한 미야모토 무사시는 관몬해협 동쪽에서 떠오른 해를 등진 상태에서 목검을 높이 쳐들고 거룻배에서 뛰어 내렸다. 미야모토 무사시는 초조하게 기다리고 있던 사사키 고지로에게 소리쳤다.

"고지로, 너는 이미 졌다. 이길 자가 왜 칼집을 버렸겠느냐"

간류지마의 해변에서 칼집을 던져버리고 두 손으로 장검을 높이 쳐들고 있는 사사키 고지로를 미야모토 무사시는 4척 2촌의 목검으로 내리쳐서 단번에 쓰러뜨렸다. 결투의 명장면은 이렇게 막을 내렸다.

㊩ 이 장면에서 미야모토 무사시가 <지·수·화·풍·공의 권>에 기술한, 이기기 위한 병법의 모든 면을 살펴볼 수 있다.

∘ 실전에서 기선을 제압하라.

∘ 가능한 한 불빛을 등져라.

∘ 무기의 종류에 연연하지 말라.

∘ 결투에서는 항상 평상심을 유지하라. 고요할 때 오히려 마음은 고요하지 않다.

∘ 무사는 목적에 따라 다양한 무기를 직접 만들 줄 알아야 하고, 적재적소에서 사용할 줄 알아야 한다.

∘ 병법은 오직 한 가지, 이기기 위한 도(道)이다.

니텐이치류의
창시

　　　미야모토 무사시는 나이 서른을 넘어 지난 일
들을 돌아보았다. 천하제일의 검객들과 결투하여 단 한 차례
도 지지 않았던 것은, 자신이 병법의 도를 완전히 터득하였기
때문이 아니라는 것을 깨달았다.

　그것은 오히려 상대가 병법에 미숙하였거나, 자신이 병법의
도리와 자연의 이치에 어긋나게 행동하지 않았기 때문에 이길
수 있었던 것이었다.

　미야모토 무사시는 병법 연마를 위한 구도자의 방랑길을 떠
났다. 병법의 깊은 이치를 터득하기 위하여 밤낮으로 수련한
결과, 나이 오십이 되어서 자신만의 검법인 니텐이치류(二天一
流)를 창시하였다.

나는 이것을 '쌍칼중도검법'이라고 부른다. 긴 칼과 짧은 칼을 동시에 쓰기도 하고 한 칼만 쓰기도 하며, 동시에 쓰지 않기도 하고, 목검을 쓰기도 하며, 상황에 따라 무기의 종류에 연연하지 않기 때문에 중도(中道) 검법이기도 하다.

니텐이치류를 창시한 미야모토 무사시는 모든 일에서 나에게 스승이라고 할 만한 것이 없었으며 홀로 자기만의 길을 구도자의 자세로 걸어왔을 뿐이라고 밝혔다.

㊥ 중도란 무엇인가 ㊤

가만히 있으면 중간은 간다.
그래서 수행자들은 침묵을 지키는가,
이것이 중도(中道)인가?
아니다.

운명의 여신이 깔아준
숙명의 카페트를 밟고서
주어진 인생, 자기의 길을 가다가
단풍든 숲에서 세 갈래 오솔길을 만났을 때,
세 갈래 길 중 중간으로 난 길을 택하여

이어져있는 길을 계속하여 걸어가는
이 길이 중도인가?
아니다.
그러면 무엇이 중도인가?

2,500년 전 싯다르타가
우루빈나 마을 나이란자나 강변의 보리수 아래에서
새벽 별빛이 빛날 때 얻은 깨달음.
이것이 중도다.

연기(緣起)를 사유하여 중도를 깨달은 붓다는
눈뜬 자가 되어,
맨발로 장마 속 빗길 250km를
11일간 걸어서 도착한 녹야원에서
초전법륜을 설하였다.

이것이 있으므로 저것이 있고
이것이 생겨나므로 저것이 생겨나며
이것이 없으므로 저것이 없고
이것이 멸하므로 저것이 멸한다.
모든 것은 서로 의지하고 있다.
이것이 연기다.

태어났으므로 늙음과 죽음이 있다.
이것은 붓다가 이 세상에 나오기 전에
본래, 정하여져 있는 것이다.
붓다는 이를 깨달아 눈뜬 자가 되었다.

태어나지 않으면 늙음과 죽음도 없다.
생사의 얽매임에서 벗어나면,
자유의 커다란 즐거움을 누리게 된다.

있는 것도 아니고 없는 것도 아니며
또한 있는 것이고 또한 없는 것으로,
있는 것과 없는 것에 대하여
동시에 빛을 비추니
아, 모든 것은 서로가 의지하고 있구나!
이것을 중도라 한다.

중도는
생사윤회의 주체인
제8 아뢰야식마저
완전히 끊어버리고
연기를 바르게 깨닫는 것이다.

그러므로 중도는
인간 존재의 모든 얽매임에서
벗어나게 해줄
매우 보배로운 열쇠다.

그리하여 마침내,
사나이 일대사(一大事)
생사윤회의 문제를 해결하여

시간과 공간에 관계없이
언제든지 밝은 빛의 세계에 들어서는
자기의 등대요 길잡이다.
이것이 중도다.

따라서, 나는 미야모토 무사시가 창시한 니텐이치류를
'쌍칼중도검법'이라고 부른다.

자기의
쌍칼중도검법을
창시하라

2008년 미국 발 금융위기는 1929년 대공황 이후, 80년 만에 찾아온 전대미문의 경제위기 상황이었다. 동북아에서 미국과 중국의 격돌, 글로벌 전국(戰國)시대. 세계는 어디로 가야 할지 모르는 전대미문의 혼미 속에 있다.

새로운 시대는 속도, 복잡성, 변화, 문화, 위험사회의 키워드로 정리된다. 현대는 대변혁의 시대로 초불확실성의 안개 속에 직면해 있다.

1851년 런던 박람회에서 증기기관이 첫 선을 보이고 가파르게 치달은 산업혁명의 물결을 탄 나라는 선진국으로 부상한 반면, 문을 닫고 세상흐름에 깜깜했던 나라들은 나라를 잃는 치욕을 감내하여야만 하였다. 우리는 산업혁명과 민주화, 그리고 일하면서 싸우고, 산업화와 민주화의 듀얼 갭(2중의 격차)을 메우면서 여기까지 숨가쁘게 달려왔다. 앞으로 우리가 가야할 길은 아무도 가보지 못한 길이다. 스스로 그 길을 만들어 내면서 가야만 한다. 2016년 스위스 다보스 포럼의 주제는 '제4차 산업혁명'이었다. 알파고와 이세돌의 바둑시합에서 이세돌이 참패함으로써 인공지능(AI)에 대한 관심이 폭증하고 모든 분야에서 새로운 길을 모색해 나가야한다는 시대적 과제에 직면하게 되었다.

쌍칼중도검법은 생전 60여 회의 목숨을 건 진검승부에서 한 번도 패한 적이 없는, 불패의 미야모토 무사시가 창시한 검법이다. 남을 모방했다면, 남을 따라 하다가 지는 경우도 있고, 진검승부에서 진다는 것은 죽음을 의미한다.

따라서, 살아남기 위해서는 자기만의 쌍칼중도검법을 스스로 창시해 나가야만 한다. 새로운 시대를 맞아 살아남기 위해서는 앞서가는 선진기술을 따라 잡아야 하고, 동시에 자기만의 새로운 길을 창시해 나가야 한다. 보수의 긴 칼과 진보의 짧은 칼을 동시에 사용하고, 성장의 긴 칼과 분배의 짧은 칼을 동시에 사용하는 자만이 진검승부에서 죽지 않고 살아남는 길로 가게 될 것이다.

우리는 이제, 나는 어디에 있는가? 나의 길은 어디인가? 하는 근원적 질문을 시작하고, 답을 찾아야만 하는 새로운 시대의 변곡점 위에 서 있다.

알파고와
유치원생의
대결

　　　　　바다에 파도는 매순간 밀려오고 또 부서져 나
간다. 지금 다가오는 물결은 진도 9.0의 지진으로 발생하는
새로운 혁명의 거대한 쓰나미 인가? 속절없이 밀려 왔다가
부서져 나가는 파도의 잔물결 인가?

　알파고와 유치원생에게 색종이를 한 장씩 주고 세 겹으로
접으라고 하면 천진한 유치원생은 늘 하던 대로 한 장의 종
이를 세 겹으로 반듯하게 접어서 내놓는다. 반면에 알파고는
색종이를 세 겹으로 접을 수 있는 빅데이터를 입력하고, 1을
3으로 나누는 계산을 0.33333333......... 끝없이 해나갈 것이
다.

인간의 본성인 천진함을 간직한 유치원생은 사물의 본질을, 있는 그대로 천진하게 보아서 알파고를 이길 것이다. 그렇다면 알파고의 알고리즘과 빅데이터만 따라갈 것이 아니라, 이러한 인간의 본성과 사물의 본질을 통찰하는 길을 함께 배워 나가야 할 것이다. 이러한 관점이 긴 칼과 짧은 칼을 동시에 사용하는 자기만의 쌍칼중도검법을 창시하고, 싸워서 이겨야 하는 이유일 것이다.

바람이 분다.
룽타의 속삭임이 들려온다.
나는 어디서 왔는가?
나는 무엇인가?
나는 어디로 가야 하는가?

바람처럼 자유롭게
꽃처럼 행복하게
그대여 피어나라.
스스로 빛나라.

그리고, 자기만의 쌍칼중도검법을 창시하여
그대의 길을 가라.

113

생 애	주 요 결 투	현재 지명
출생	• 1584년, 하리마국 아이다군 오하라정 미야모토 마을에서 태어나다. • 아버지는 낭인 무니사이였다. • 신멘 무사시가 그의 이름이다. 어릴 때 이름은 벤노스케다.	오카마야현
13세 첫 진검 승부	• 1596년 13세, 신토류 검법의 아지마 기헤이와 하리마시요군 미쯔바라에서 생애 첫 진검승부를 벌여 이기다.	효고현
29세 까지 총 60여 차례의 진검 승부 에서	• 1599년 16세, 아키야마와 하리마시요군 다지마에서 시합하다.	효고현
	• 1600년 17세, 세키가하라 전투에 도요토미 히데요시 측의 서군으로 참가하다.	기후현
	• 1604년 21세, 요시오카 세이주로와 교토시 북구 후나오카산의 서쪽 렌다이노에서 진검승부.	교토 북쪽
	• 요시오카 덴시치로와 교토 야마시로 교외에서 진검승부.	교토
	• 요시오카 마타시치로와 교토 이치조사에서 진검승부. * 교토 이치조사에서 진검승부로 세상에 널리 이름을 떨치게 되었고, 결	교토

	투현장에는 기념비가 세워져 있다.	
단 한 차례 도 지지 않았다	• 오조인과 야마토 호조인에서 진검 　승부. • 시시도 바이겐과 이가에서 진검승부. • 천하의 무적 검객이라 불리는 무소 　곤노스케와 아카시에서 진검승부. • 오세토 하야토, 쓰지카제 덴마와 에 　도에서 진검승부. • 1612년 29세, 사사키 고지로와 관몬 　해협에 있는 간류지마에서 진검승부.	나라시 미에현 효고현 도쿄 시모노세 키
오사카 전투에 참가	• 1614년 31세, 오사카 겨울전투에 참 　가하다. • 1615년 32세, 오사카 여름전투에 참 　가하다.	오사카 오사카
일본 열도 를 방랑 하며	• 미야카 군베에와 하리마 다쓰노에서 　시합하다. • 야규 효고와 오와리에서 만나다. • 도쿠가와 요시나오와 마쓰에번에서 　시합하다. • 마쓰다이라의 가신들에게 이즈모 강 　가에서 검법 강연. • 1634년 51세, 부젠국 고쿠라에서 오 　가사와라 타다자네의 손님이 되다.	효고현 아이치현 서부 시마네현 시마네현 동부 북큐슈
	• 1638년 55세, 시마바라의 반란에 　진압을 위하여 출정하다.	시마바라 반도

병법 의 도를 연마	* "나는 오가사와라가에 남고, 내 기술은 호소카와가에 남긴다."라고 했다고 전해진다.	
지·수 화·풍 공의 권을 집필	• 호소카와 타다토시의 손님이 되어 구마모토번 동부 치바성에 살면서 <병법 35개조>를 집필하여 호소카와에게 바치다. • 1643년 60세, 구마모토번 레이간도에서 <지·수·화·풍·공의 권>의 집필을 시작하다 • 1645년 62세, <지·수·화·풍·공의 권>을 마무리하다.	구마모토현
사망	• 1645년 5월 19일, 구마모토번 동부 치바성에서 62세로 병사하다. * 마지막 숨을 거두기 전 자리에서 겨우 일어나 무사의 갑옷을 입고, 한쪽 다리를 세우고 긴 칼로 몸을 지탱한 후 숨을 거두었다. * 생애 마지막으로 '무사는 다다미 위에서 죽지 않는다'는 무사의 길을 가고자 하였다. 그의 유언대로 갑옷을 입힌 채로 입관하여 구마모토번 외곽에 안장하였다.	구마모토현

6장

공의 권

지·수·화·풍·공에서
찾은
필승의 전략

지·수·화·풍·공의 다섯 권은 미야모토 무사시가 쓴 책이다. 잭 웰치가 "위대한 세계적 군사 이론서이며, 기업은 물론 각 개인에게도 성공을 가져다주는 최고의 전략서로서 훌륭한 인생 지침서가 된다"고 하여 미국의 각 대학에서 경영자의 필독서로 활용하고 있다. 'The book of Five Rings'로 번역되어 인터넷 서점 아마존에서 장기간 베스트 셀러에 올랐다.

미야모토 무사시는 1643년 10월 1일 새벽 4시, 그의 나이 60세에 큐슈 히고(구마모토현) 지방의 이와토(岩戶)산에 올라 하늘에 절하고 관음보살에 예배드린 후, 어두운 레이간 동굴

119

안에 촛불을 켜놓고 <지·수·화·풍·공의 권>을 쓰기 시작 하였다. 미야모토 무사시는 <지·수·화·풍·공의 권>을 쓰면서 불법이나 유교 경전에 의존하지 않고, 병법서에 전해오는 옛 사례를 인용하지 않았다. 평생 동안 자신이 진검승부에서 체험한 내용에서 자신만의 원칙을 도출하여 진실한 마음으로 한 자 한 자 써내려갔다.

옛날 기록들은 대나무를 얇게 오린 죽간이나 목간에 붓으로 한자 한자 써내려간 것들이다. 이 죽간들을 하나로 연결한 것을 책(冊)이라하고, 이 책들을 둘둘만 것을 권(卷)이라 한다. <지·수·화·풍·공의 권>은 종이에 각각 써내려간 5권의 병법서이며 각권의 이름이 지, 수, 화, 풍, 공이다.

우주만물의 모든 것은 원소로 이루어져 있다. 아리스토텔레스가 지수화풍 4대 원소설을 주장했다. 고대 불교에서는 우주만물과 이 몸은 지수화풍 4대로 구성되어 있다고 하였다. <지·수·화·풍·공의 권>은 병법에 뜻을 둔 초심자를 검선일여의 깨달음의 경지로 실어다주는, 지·수·화·풍·공의 다섯 바퀴 수레와 같다는 뜻이다.

<오륜서>는 <중용>에 나오는 오륜(군신유의, 부자유친, 부부유별, 장유유서, 붕우유신)과 그 뜻을 혼동 할 수 있다. 그러므로 여기서는 <지·수·화·풍·공의 권>으로 미야모토 무사시가 쓴

120

원문대로 옮겨 적는다.

　사람의 세포 수는 100조 개다. 하루에 1백억 개가 새로 태어나고 죽어가고 있다. 1년이 지나고, 10년이 지나면 이전의 나는 지금의 나라고 할 수 없을 것이다. 물질적 요소로 뭉쳐진 몸을 색의 무더기인 색온(色蘊)이라 한다. 나와 세계는 색·수·상·행·식의 다섯 가지 무더기, 오온(五蘊)으로 구성되어 있다.

　오온개공(五蘊皆空). 오온이 모두 자성이 비어 있다. <반야바라밀다심경>에 있는 말이다.

　º 관자재보살이 끝없는 지혜의 수행을 실천하면서 보니까
　　오온(느낌, 생각, 행위. 인식, 물질)이 있는데, 그 오온의
　　자성(본디부터 지니고 있는 불성)이 모두 비어 있는 것을
　　보았다.

　지수화풍에서 모아진 원소들로 구성된 몸은 생명이 다하면 다시 본래의 자리로 돌아갈 것이다. 제행무상이며, 제법무아다. 이것이 공(空)이다.

　미야모토 무사시는 29세까지 목숨을 건 진검승부를 벌였다. 30세가 되자 진검승부를 앞두고 죽음을 바라보는 두려움을 알게 되었다. 그 두려움을 없애는 것이 승리의 비결이며, 그

121

것이 공임을 깨닫게 되었다. 공의 깨달음으로 적과 자신에 대한 실체를 있는 그대로 보아야 한다. 적과 자신이 서로 겨누고 있는 칼의 움직임을 꿰뚫어 보는 것이 승리의 길이다.

마음에 없으면 보아도 보지 못한다. 들어도 듣지 못하고, 먹어도 그 맛을 알지 못한다. 분노나 두려움, 유혹과 번뇌를 끊지 못하면 마음이 바로 서지 못하고, 마음이 바로 서지 못하면 그것이 패배의 길이며, 진검승부에서 패배는 곧 죽음을 의미한다. 그러므로 검선일여는 마음의 검이다.

미야모토 무사시는 <지·수·화·풍·공의 권>의 각 항목 마다 한 자 한 자 써가면서 "글로써 전한다. 글로 전하지 못하는 것은 입으로 전한다. 글과 입으로 다 전하지 못하는 것은 수행자가 마음으로 터득하고 직접 몸으로 단련하면서 잘 음미하고 상황에 따라 유연하게 실천하라"고 줄기차게 당부하고 있다.

♯1

춘추시대 제나라 환공(춘추 오패 중 한명)이 경(성인의 말씀을 적어 놓은 책)을 읽고 있는데 수레바퀴를 만드는 장인이 말했다.

∘ 책은 옛사람의 그림자이고, 옛사람이 먹다 남긴 찌꺼기일 뿐입니다.

환공이 몹시 화가 나서 그 이유를 물었다.

∘ 소인은 나이 일흔에 이른 지금까지 수레의 바퀴를 만드는 일을 계속하고 있습니다. 수레바퀴를 만들기 위해서는 나무를 깎은 다음 한쪽 구멍에 끼워야 합니다. 이때 구멍이 너무 크거나 작거나, 깎은 나무가 너무 크거나 작으면 제대로 끼울 수가 없습니다.

소인은 익힌 솜씨가 있어 손끝과 마음이 일치하면 굳이 치수를 재지 않아도 잘 맞출 수 있습니다. 소인의 아들에게 글이나 말로써 소인이 익힌 요령을 가르쳐 주려고 하여도 잘되지 않습니다.

중요한 것은 자신이 마음으로 터득하고 직접 몸으로 실천하느냐 못하느냐에 달려 있습니다. 따라서, 글로 적혀있는 책은 옛사람의 그림자이고 고인의 찌꺼기와 같다고 말씀드린 것입니다.

이 말을 들은 환공은 깨달은 바가 있었다.

#2

　미야모토 무사시가 병법의 도를 얻고자 일본 방방곡곡을
떠돌아다닐 때, 어떤 사람이 물었다.

- 진검승부의 두려움과 같은 잡념을 없애는 것이 병법의 도라
고 하셨는데, 어떻게 하면 그 두려움을 없앨 수 있겠습니까?
° 이 마루의 두자 폭 널빤지 위는 누구나 걸어서 건널 수 있겠
지요. 그렇다면 두자 폭의 널빤지가 사람 키만한 높이에 가로
로 놓여진 다리가 있다면 건널 수 있겠습니까?
- 그 정도는 건널 수 있습니다.

° 그 다리가 앞에 보이는 높은 산 꼭대기위에 가로로 놓여져
있다면 건널 수 있겠습니까?
- 건널 수 없을 것 입니다.

° 다리의 폭은 두자로 똑같지만 높은 곳에 대한 두려움 같은
잡념 때문에 건너지 못하는 것입니다. 매일 단련을 계속하여
익숙해지고, 두려움을 버리고 마음을 비우는 공(空)을 깨닫는
것이 불패의 병법의 도를 얻는 길입니다.

그러므로 공은 없는 것이 아니고 바로 보아야할 실체인 것이다. 마치 수학에서 '0'이 없는 것이 아니고 존재하는 것과 같다. 만물에는 각자의 도가 있고, 그 도는 하나로 모인다.

공은 일체의 시작이면서 끝이기도 하다. 만물은 고정된 실체가 없다는 깨달음이며 지혜의 바탕이다.

진검승부에서 패배하여 죽는 것이 이 언덕이라면, 이겨서 살아남는 것이 저 언덕에 이르는 길이다.

<지·수·화·풍·공의 권>은 이 언덕에서 저 언덕으로 넘어가는 다섯 개의 수레바퀴에 대하여 쓴 책이다. 병법서이면서도 검선일여의 철학서이며, 한 자 한 자 써내려간 불패의 구도자, 검성 미야모토 무사시의 62년 일생의 자서전이다.

<지·수·화·풍·공의 권> 다섯 권의 집필을 마친 미야모토 무사시는 죽음을 눈앞에 둔 1645년 5월 12일 제자 데라오 마고죠에게 이 책 다섯 권을 직접 전수하였다.

㈤ 지·수·화·풍·공의 주요 키워드 ㊜

공	· 만리일공(萬理一空). · 두려움을 없애는 것이 병법의 도이다.
지	· 수행자가 지켜야할 아홉 가지 기본 원칙. · 병법의 도는 목수와 같다.
수	· 니텐이치류의 근본이치는 상선약수와 같다. · 병법 35개조. · 유구무구(有構無構)의 유연성을 가져라.
화	· 전투는 불과 같다. · 부동의 '바위 같은 몸'은 어떠한 경우에도 흔들리지 않는 마음가짐이다. · 실전에서 이기기 위한 27개 전략.
풍	· 다른 유파의 모자란 점을 비판하여 9개항으로 기술. · 병법의 핵심은, 싸워서 이기는 것이다.

공(空)의 권

　　　　만법이 하나로 돌아가는데, 그 하나는 어디로 돌아가는가? 만리일공(万理一空).

　미야모토 무사시가 62년의 생애를 건 진검승부와 구도의 길에서 얻은 깨달음의 결과는 만리일공이었다. 만법이 하나로 돌아가는데, 그 하나는 공으로 돌아간다.

　불교국가 고려를 무너뜨리고 태조 이성계가 역성혁명으로 세운 조선은 유교적 민본주의를 국가의 이념으로 하였다. 유교적 소양에 기반을 둔, 문벌이 지배하는 조선에서 자연히 불교는 지배계층의 관심에서 멀어져 산중으로 숨었다.

　무사의 칼이 지배하는 중세 일본은 선종 불교를 생활의 깊숙한 곳까지 받아들여 사무라이들이 불교정신을 체화한 흔적들이 곳곳에 남아있다.

127

우주만물을 구성하는 지수화풍 4대가 결국은 공으로 돌아
간다. 지수화풍 4대는 지(地)는 땅, 수(水)는 물, 화(火)는 태양
과 온기, 풍(風)은 바람과 공기를 말한다. 결국 지수화풍 4대
는 사방에 산재해있는 강산과 오곡, 만물을 뜻한다. 그러므로
공은 만법이 돌아가는 '그 무엇'임과 동시에 지수화풍에 동시
에 존재하고 있다. 공이 있는 지이며, 공이 있는 수이고, 공이
있는 화이며, 공이 있는 풍이다.

숨어있던 적이 소리 없이 덤빌 때, 언제든지 칼을 빼서 적
을 베기 위해서는 칼을 잡는 손은 언제나 비어있어야 한다.
진검승부로 칼을 빼서 적을 벤 후, 칼을 다시 칼집에 꼽고나
서도 손은 언제나 비어있어야 한다. 공수(空手).

주차장에 차를 주차 시키려면 주차장에 빈 곳이 있어야 한
다. 공차(空車). 차가 주차장에 가득 차 있는 만차(滿車) 상태는
이름만 주차장이지 주차장의 기능은 상실된 상태이다. 행성과
행성 사이는 비어있기 때문에 행성은 쉬지 않고 운행하고 우
주는 스스로 돌아갈 수 있다.

공(空). 비어있음은 우주 운행의 원리이며 승리의 기본 이치
다. 그러므로 공은 지수화풍 이전에 존재하는 것이다. 이 책
에서 공의 권을 맨 앞에 놓은 이유다. 이러한 이치를 깨달은
미야모토 무사시는 대적할 자가 없는 검성이 되었다.

이것은 바닷물과 파도와 같다. 파도는 바닷물이 여러 가지 모습으로 나타난 것이지만, 바닷물이 본래 짜다는 성질이 변한 것은 아니다. 바닷물 자체가 변하지 않는 것이 불변의 '그 무엇'이다, 그것이 공이다.

바닷물이 있어야 파도가 있고 파도의 실체는 바닷물이기에 바닷물이 파도이고, 파도가 바닷물이 된다. 지수화풍이 공이며, 공이 지수화풍이다. 색즉시공이며, 공즉시색이다. 병법의 도는 결국 자연의 도를 깨닫는 것이다.

㉙ 내가 창시한 '니텐이치류' 라는 병법에는 특별한 비법이 없다.

손에 잡히는 그 무엇도 없다. 병법의 도리를 터득했으면 거기에 구애되지 말고 자유로워져야 한다. 때에 맞춰 시의 적절하게 적을 자연스럽게 공격하는 것이 바로 공의 도이다.

㉙ 공이란 어떤 고정화된 모습이 없다는 뜻이다.

있다가도 어느 순간 사라지는 것이 바로 공이다.

㊇ 참된 돋릴 몰릴 때는 세상의 도리건, 불도이건

자신만의 생각이 옳다고 생각하기 쉽다.

몸과 마음이 편협하고 그 눈이 비뚤어지면 바른 길에서 멀어져 간다는 것을 알아야 한다. 한 점 티 없이 맑은 마음을 가지고 바르고 진실된 마음으로 병법을 단련 하라. 공이 도이며, 도가 공임을 알아야 한다.

공(空)에는 선은 있되 악은 없다.

7장

지·수·화·풍의 권

땅(地)의 권

　　　　　땅은 만물을 길러내고 만물이 돌아가는 근본이다. 승리의 도는 기본에 충실해야 한다. 대지에 난 큰 길처럼 수행자가 가야할 길이라는 뜻으로 미야모토 무사시는 먼저 '니텐이치류'에 대한 자신의 견해와 병법의 도를 <땅의 권> 에 밝혔다.

　　검술만 익혀서는 진정한 도를 이해할 수 없다. 병법의 도는 낮은 단계에서 시작하여 높은 단계로 나아가는 것이며 큰 길을 파악하여 작은 길도 찾아가는 것이다. 그 길은 목수가 연장 가는 법부터 배워서, 나무와 이야기를 나누면서 큰 집을 짓는 것을 스스로 배워 나가는 것과 같다.

　　절이나 탑을 세우는 목수는 270여 가지 연장을 사용 하고, 보통 목수는 70여 가지 연장을 사용한다. 끌과 톱은 건물의 틀을 만들 때 쓰고, 대패는 마무리 할 때 쓴다. 대패와 끌,

연장은 잘 갈아서 써야 한다. 잘 갈자면 좋은 숫돌이 있어야 하고, 연장을 잘 갈아야 나무를 마음먹은 대로 사용할 수 있다. 천년 묵은 노송나무는 천년을 견딘다. 아름드리 큰 나무는 네 쪽으로 쪼개서 기둥을 세우면 더 튼튼한 집을 세울 수 있다.

큰 목수는 나무의 생김새를 보고 알맞은 곳에 쓸 줄 알아야 한다. 목수는 나무와 이야기 할 줄 알아야 하고, 농부는 오곡과 이야기할 줄 알아야 한다. 칼과 이야기를 나누지 못하는 무사는 무사라고 할 수 없다.

씨앗을 햇볕에 쪼이고 물에 떠내려 보낸다고 싹이 트는 것은 아니다. 씨앗은 땅에 묻고 물을 주어야 싹이 튼다. 그러므로 지수화풍과 자연의 이치를 알아야 승리의 도를 알 수 있는 것이다. 약삭빠르게 앞질러 가면 진짜 이치는 깨닫지 못하고 스쳐 지나가게 된다. 이러한 이치는 세상 사람들이 가르쳐 주지도 않고, 가르쳐 주어도 이해하지 못한다. 오직 스스로 깨우쳐야 한다.

미야모토 무사시는 이러한 이치를 알려 주고자 <땅의 권>을 기술 하였고, 니텐이치류를 배우고자 하는 사람이 지켜야 할 기본원칙과 병법의 도를 지·수·화·풍·공의 다섯 권으로 써 놓은 이유를 기술 하였다.

㊍ 니텐이치류를 배우고자하는 사람이 지켜야할 기본 원칙

- 올바르지 않고 비뚤어진 생각을 하지 말아라.
- 스스로 병법을 단련하라.
- 널리 다양한 기예를 배워서 수련의 장애물을 제거하라.
- 널리 다양한 직업의 도에 대해서 알아라.
- 모든 사물에 대해서 이해득실을 분별하라.
- 모든 일에 있어 통찰력을 길러라.
- 눈에 보이지 않는 것들은 깨달음으로 이해하라.
- 비록 사소한 일조차도 늘 주의하라.
- 쓸데없는 일에 휩쓸리지 말아라.

㊍ 세상에는 무수히 많은 도가 있다.

사람을 구원하는 불교의 도가 있고, 배움을 중시하는 유교의 도가 있다. 병을 고치는 의술의 도가 있고, 다도, 궁도 등 갖가지 도가 있다. 병법의 도는 문과 무를 겸비해야 진정한 무사라 할 수 있다. 죽음을 두려워하지 않는 용기는

135

무사만이 실천하는 것은 아니다. 농민, 평범한 아낙네, 승려와 같은 보통 사람들도 수치를 알며 죽음을 두려워하지 않는다. 병법의 도란, 일대일이건 집단전이건 싸워서 반드시 이기는 것이다.

㉑ 사람이 살아가는 데는 사농공상의
네 가지 길이 있다.

① **무사의 길이란**, 자기에게 맞는 여러 가지 무기를 만들고, 무기의 쓰임새와 특성을 잘 파악하여 어떠한 상황에서도 그 무기들을 잘 사용할 줄 알아야 한다. 무기를 잘 다루지 못한다면 어찌 무사라 할 수 있겠는가.

② **농부의 길이란**, 사계절의 변화를 관찰하며, 날씨를 잘 살펴서 씨를 뿌리고, 농기구로 논밭을 경작하는 것이다.

③ **장인의 길이란**, 목수가 도면을 그리고 갖가지 연장을 만들고 사용하는 법을 익히는 것과 같다.

④ **상인의 길이란**, 돈벌이를 위하여 물건을 사고팔고 이익을

취하는 것이다. 술을 파는 사람은 좋은 술을 빚어 원하는 가격에 파는데 모든 관심이 집중되어 있을 것이다. 사·농·공·상의 도는 세상의 모든 도를 포함하고 있다.

㉗ 병법의 또는 목수와 같다.

집을 짓는 데는 목수들의 우두머리인 도편수와, 병졸과 같은 목수의 일이 다르다. 장수의 일과 병사의 일이 다른 것과 같은 이치다.

도편수는 집을 짓기 위해서 먼저 쓸 나무를 용도별로 잘 나누어야 한다. 나무가 곧은가, 옹이가 있는가, 모양이 좋은가에 따라 정면 기둥으로 쓰기도 하고 뒤편 기둥으로 쓰기도 하며, 문이나 문틀의 재료로 쓰기도 한다. 나무가 휘어지고 옹이가 있고 약해서 쓸모가 없는 나무도 따로 쓰일 데가 있을 것이다. 이래저래 쓸 만한 데가 없으면 땔감으로 쓰면 될 것이다.

도편수는 목수들의 소질을 세밀하게 파악하여 마루, 문, 천장, 들보 등 각자 솜씨에 맞게 일을 맡겨야 한다. 초보 목수에게는 쐐기를 깎게 하거나 허드레 일을 맡겨야 할 것이다. 장수는 사람을 잘 파악하여 부릴 줄 알고 용기를

137

북돋아주도록 항상 세심하게 주의를 기울여야 한다. 병법의 도도 이와 같다.

무릇 도구를 써서 일하는 자는 그 도구를 능숙하게 다룰 줄 알아야 한다. 도구를 능숙하게 다루지 못하는 자가 덤비면 반드시 탈이 난다. 큰 목수를 대신해서 나무를 베는 자가 손을 다치지 않는 경우가 거의 없다.

병졸인 목수는 평소 연장을 잘 손질하고 도편수의 지시에 따라 대패로 마루를 깎을 때는 치수를 정확히 재어서 구석까지 세밀하게 잘 마무리하여야 한다. 연장을 사용해서 책상, 문갑, 도마, 솥뚜껑까지 잘 만들어내는 것이 목수가 해야 할 일이다. 병법을 배우는 자는 이와 같이 스승은 바늘, 제자는 실이라 생각하고 열심히 익혀야 할 것이다.

물(水)의 권

상선약수(上善若水). 최상의 도는 물과 같다.
물처럼 상황에 따라 유연하게 변하는 것이 최고의 전략이다.
물은 따로 가는 길이 없다. 낮은 곳으로 길을 가며 낮은 곳에
머문다. 오로지 다투지 않으므로 허물이 없다. 물은 고요하고
스스로 정화작용을 하며 맑아진다. 물은 담는 그릇에 따라 네
모가 되기도 하고, 둥글게 모습을 바꾸기도 할 뿐 쓸데없이
고집을 부리지 않는다.

미야모토 무사시는 자신이 창시한 니텐이치류를 물의 도에
비유하여 설명하고 있다. 물을 거울삼아 마음가짐을 물처럼
유연하게 하라. <땅의 권>에서 기본을 익히되, <물의 권>에서
는 기본에 집착하지 말고 상황에 따라 물처럼 유연하게 대처
하라고 한다. 검법의 기본자세와 몸의 움직임은 다양해도 목
적은 오직 한 가지, 이기는 데 있다.

물은 넓은 바다를 이루기도 하지만, 한 방울의 물방울이 되기도 한다. 한 가지를 알아서 만 가지를 헤아릴 줄 알아야 한다. 한 사람과 싸워 이기는 검술의 이치를 분명하게 터득하면 수많은 사람과 대적하는 일과도 일맥상통한다. 목수가 곱자를 가지고 자를 재고, 치를 재어 거대한 불상을 조성 하듯이 조그만 일로도 대국을 판단할 줄 알아야 한다.

� 천일 동안의 수련을 '단' 이라 하고,
만일 동안의 수련을 '련' 이라 한다.

늘 '단련'의 뜻을 유념하라.

� 무사의 본분은 병법의 도를
수행하는 것이다.

오늘은 어제의 자기를 극복하고, 내일은 자기보다 떨어진 자를 이기며, 다음은 자기보다 나은 자를 이긴다는 각오로 곁길로 빠지지 말고 이 책의 내용을 쉬지 않고 단련하면서, 실제로 행동하라.

🈳 직통(直通)의 마음은 니텐이치류의 참된 길을

　말로써 전하는 것이다.

이 병법을 잘 단련해서 몸에 익히는 것이 중요하다.

🈳 전투에서는 관(觀)과 견(見)의

　두 가지 눈으로 보아야 한다.

관이란, 상대의 마음속을 꿰뚫는 눈이며 견이란, 상대의
몸의 움직임을 보는 눈이다. 평소 자세는 전투할 때와 같
아야 하고, 싸울 때 자세는 평소와 같아야 한다.

🈳 큰 칼을 가지고 상대를 이기기 위한

　다섯 가지 기본자세

다섯 가지 기본자세(중단 겨눔, 상단 겨눔, 하단 겨눔, 좌
측 겨눔, 우측 겨눔)로 다섯 방향(상단, 중단, 하단, 오른
쪽 옆구리, 왼쪽 옆구리) 겨눔 자세를 배우고 큰 칼 사용

141

법(조용히 휘둘러서 상황에 맞게 사용한다. 자기의 칼을 손
가락으로도 마음대로 움직일 수 있어야 한다)을 익힌다.

㊢ 유규무구란, 자세가 있으면서도 없고 위치가
  있으면서도 없다는 뜻이다.

전투에서의 자세는 상황에 따라 언제든지 유연하게 변하
는 임기응변을 익혀라. 한 가지 틀에 얽매이는 고정불변
의 것이 아니다. 오로지 적을 벨 수 있는 위치와 자세만
이 최고의 선택이다.

㊢ 적을 베는 박자에는 한 번치기도,
  두 번치기도, 연속치기도 있다.

적을 베는 박자에는 찌르기도 있고, 되받아치기도 있고,
상대에게 몸을 밀어붙여 떨어지지 않기도 있다. 상대와
얼굴을 나란히 닿아 강하게 밀착시켜 내 키가 더 커보이
게 하는 키재기도 있다. 잘 새기고 음미하여 단련하여야
한다.

142

초조해 하지 말고 기회가 있을 때마다 자기가 가진 쌍칼의 쓰임을 잘 익혀라.

㊩ 많은 상대를 대적해 전투할 때에는 긴 칼과 짧은 칼을 모두 사용하여 상대를 한쪽으로 몰아넣어야 한다.

긴 칼과 짧은 칼을 자유자재로 사용하는 것, 이것이 니텐이치류의 도이다. 충분한 단련으로 몸에 익히면 열 명, 스무 명의 상대도 이길 수 있다. 이 책의 내용을 잘 단련하면 병법의 도를 깨우치리라.

불(火)의 권

　　　　전투는 불과 같다. 불은 순식간에 커지기도 하고, 작아지기도 한다. 맹렬하게 내뿜는 불길은 변화가 심하다. 공격과 수비는 언제든지 눈 깜짝할 순간에 바뀌는 것이다. 불과 싸우는 소방수는 불의 성질을 잘 알아야 하듯이, 승리를 얻는 열쇠는 상대의 동향을 정확하게 파악하는 것이다.

○ 적을 알고 나를 알면 백번 싸워도 위태롭지 않다. 적을 모르고 나만 알면 지고이기는 것이 절반이다. 적도 모르고 자신도 모르면 싸울 때 마다 반드시 위태롭다.

　일대일의 싸움이건, 다수와의 싸움이건 싸움의 이치는 같다. 선수를 쳐서 기선을 제압하고 싸움의 주도권을 잡아라. 상대의 약점을 잡아 급소를 치고, 상대의 우위에 서서 적을 완전히 굴복시켜라. 상대와 맞붙은 싸움에서는 적을 나의 부하처럼 부릴 줄 알아야 한다.

144

<불의 권>에서는 맞붙어 싸우는 전투법에 대하여 기술하였다. 어떠한 상황에서도 흔들리지 않는 바위 같은 몸을 견지하라. 바위 같은 몸은 나무로 깎아 놓은 닭, 목계와 같은 것이다.

쥐의 머리처럼 세심한 부분까지 보면서도 상황에 따라 순식간에 소의 목처럼 대담한 박자로 전략을 바꿀 줄 알아야 한다. 잘 음미하라. 결국, 평소에 충분히 단련하여 어떠한 경우에도 평상심을 잃지 않는 것이 병법의 요체다. 즉, 평상심이 도다.

#3

닭싸움을 좋아하는 왕을 위해 싸움닭 조련의 일인자인 기성자가 닭 한 마리를 길렀다. 닭의 조련을 시작한지 열흘이 지나자 왕이 물었다.

- 아직 멀었는가?
∘ 아직 멀었습니다. 자기 힘만 믿고 쓸데없는 허세를 부립니다.

다시 열흘이 지나자 왕이 또 물었다.
- 아직 멀었는가?
∘ 아직 멀었습니다. 다른 닭의 소리만 들어도 덤벼듭니다.

다시 열흘이 지나자 왕이 또 물었다.
- 아직 멀었는가?
∘ 아직 멀었습니다. 아직도 혈기왕성하게 상대를 노려봅니다.

다시 열흘이 지나자 왕이 또 물었다.
- 아직 멀었는가?

∘ 됐습니다. 이제는 상대가 소리를 질러도 아무런 반응이 없어 마치 나무로 깎아 놓은 닭 같습니다. 다른 닭이 덤벼도 대항 하지 않아 상대하지 못하고 달아나 버립니다.

♯4

　미야모토 무사시는 생애에 최고의 협력자였던 구마모토 성주 호소카와 타다도시의 요청에 따라 <병법 35개조>를 써서 바쳤다. 이를 읽은 호소카와 타다도시의 아들 미쓰나오가 바위 같은 몸은 '움직이지 않고 강한 큰 마음'이라는데, 그 뜻이 무엇인지 물었다. 그러자 미야모토 무사시가 제자 데라오 구마스케를 불렀다.

○ 지금 너에게 할복하라는 명령이 내려졌다. 알아서 시행하라.

　할복은 인간의 신체 중 영혼의 귀착지라고 생각하는 자신의 배를 갈라서 자결하는 행위이다. 할복은 일본에서 15세기부터 16세기 전국시대까지 법률상으로 이어져 온 제도이며, 무사들이 자신의 명예와 성실함을 증명하는 제도였다.

　데라오 구마스케는 태연하게 자리를 깔고 꿇어 앉아 자신의 윗도리를 벗고 할복에 쓰는 짧은 칼인 와키자시를 오른손으로 잡았다. 그 고요하고 태연한 행동이 평상시와 다름이 없었다. 그 광경을 지켜본 미야모토 무사시가 말했다.

○ 바로 이와 같은 태연자약한 마음이 '바위 같은 몸'입니다.

武 세상 사람들은 병법의 이치를 손가락 끝으로

부리는 잔재주로 과소평가 하고 있다.

니텐이치류는 진검승부로 싸울 때 마다 생사의 이치를
터득하는 것이다. 목숨을 건 싸움에서 잔재주만으로는 이
길 수 없다. 니텐이치류의 진정한 도는 밤낮으로 단련하
고 상황에 따라 유연하게 대처하여 스스로 병법의 도를
깨우쳐 나가는 것이다.

武 미야모토 무사시는 〈불의 권〉에서 실전에서

이기기 위한 전략을 27개 항으로 기술 하였다.

① 싸움 장소에 대하여 : 유리한 위치에 서라.

② 선수를 치는 세 가지 방법 : 상황에 따라 공격하거나, 기다리
                              거나, 맞서서 선수를 쳐라.

③ 베게 누르기 : 기선을 제압하라.

148

④ **파도를 넘어라** : 노련한 뱃사공처럼 뱃길을 알고 파도를 넘어 바다를 건너라.

⑤ **상대의 기세변화를 파악하라** : 전투에서 적의 기세 변화를 세밀하게 파악하라.

⑥ **적의 검을 밟고 서라** : 적이 공격할 때 곧바로 밀어 붙여서 기선을 제압하라.

⑦ **상대가 허물어지는 때를 알라** : 상대가 허물어지는 순간을 놓치지 말고 과감하게 제압하라.

⑧ **적의 입장이 되어 생각하라** : 적이 처한 상황으로 입장을 바꾸어 생각하고 전투를 분석해 보라.

⑨ **네 개의 손가락을 풀어라** : 상대가 나와 같은 검법으로 대치하여 승부가 교착상태에 빠졌을 때, 칼자루를 쥐었던 네 개의 손가락을 풀듯이 다른 수단을 찾아내어 이기는 전략을 강구하리.

⑩ **그늘을 움직여라** : 상대의 의중을 알 수 없을 때, 공격하는

149

척 상대의 마음을 떠보는 것이다. 그림자 둘레에는 옅은 곁 그림자가 생긴다. 그늘도 마찬가지다. 미야모토 무사시는 빛에 민감했다. 전투 시에 그늘을 움직이고 그늘을 자신의 영향 하에 두는 것이 그의 큰 관심사항이었다. 빛과 그늘과 그늘 둘레에 생기는 옅은 그늘을 잘 분별하여 철저하게 전투에 활용하여야 한다.

⑪ **빛의 농도를 조절하라** : 적이 공격할지 그 의도를 알 수 없을 때, 방심한 척 태도를 보여 적을 유도하는 전략이다. 적의 심리를 빛의 농도처럼 조정하여 적의 기세강약을 유도해 내는 것이다.

⑫ **적에게 옮겨주기** : 하품도 바이러스처럼 전염되고, 가려움도 전염되고, 졸음도 전염된다. 자신이 느슨한 태도를 보이면 적도 방심하게 된다. 이때 방심한 적을 강하게 쳐서 이기는 전략이다.

⑬ **적이 평정심을 잃게 하라** : 적이 위협을 느끼고, 역부족을 느끼고, 앞을 예측할 수 없도록 하여 혼란스럽게 만들어라. 적이 평정심을 잃었을 때 쳐서 이기는 것이 병법의 진수이다.

⑭ **적이 공포심을 갖게 하라** : 소리를 지르거나, 불시에 습격을 당하면 이러한 눈에 보이지 않는 일로 두려움을 갖게 된다. 적이 공포심을 느낄 때 예상치 못한 곳을 쳐서 이기는 전략이다.

⑮ **적과 자신을 하나로 얽히게 하라** : 적과 자신이 하나로 얽혀 강하게 맞부딪혀 싸우게 될 때, 밀착한 상태에서 전투에 유리한 방법을 찾아내어 적을 쳐서 이기는 전략이다.

⑯ **허술한 곳을 쳐라** : 강한 적을 칠 때, 정면으로 단칼에 벨수는 없다. 적의 허술한 곳을 찾아 서서히 허물어뜨리면 전체도 쉽게 무너진다.

⑰ **적을 허둥대게 만들어라** : 느리게 또 빠르게 엇박자로 계속 공격하여 적을 혼란 속에 빠뜨리고, 허둥대는 적의 뒤를 쫓아가서 공격하여 이기는 병법이다.

⑱ **세 가지 소리로 적을 제압하라** : 소리는 기세를 더해준다. 전투가 시작될 때 지르는 소리는 적을 위압하고, 싸우는 도중에 내는 소리는 몸속 깊은 곳에서 내는 것처럼 낮게 지르며, 이기고 나서 지르는

151

소리는 크게 고함을 질러서 적을 제압하라.

⑲ **자신과 적을 한 몸처럼 뒤섞어라** : 혼자서 많은 적과 가까운 거리에서 접전을 벌일 때는 상대에게 바짝 붙어서 적의 상황을 정확하게 판단하라. 적의 한쪽이 허물어지면 다른 쪽을 쳐서 적의 판단을 흐리게 만드는 '지그재그 행보' 전략이다.

⑳ **약한 적은 완전히 눌러서 뭉개 버려라** : 적의 호흡이 흐트러지거나 적이 자신보다 약해 보이면 완전히 몰아쳐서 다시는 일어나지 못하도록 하라. 이러한 정신으로 전투에 임하라.

㉑ **산을 바다로, 바다를 산으로 바꾸어라** : 전투에서 같은 전략을 두 번은 사용해도 세 번을 사용해서는 안된다. 적이 산으로 느끼면 바다로 공격하고, 적이 바다로 느끼면 산으로 공격하라.

㉒ **적의 마음속 뿌리까지 뽑아 버려라** : 전투에서 표면상으로는 자신이 승리했을지라도 적이 눈곱만큼이라도 전의를 가지고 있을 때는 적의 마음속 깊은 뿌리까지 뽑아 버려라. 이때는 큰 칼로, 몸으

로, 또한 마음까지 뿌리째 도려내야 한다.

㉓ **새로운 작전으로 바꾸어라** : 전투가 접전상태에서 벗어나지 못
하면, 즉각적으로 새로운 작전으로 바꾸어라.
상황에 맞는 새로운 박자를 타면 전투에서
승기를 잡을 수 있다. 음악이 바뀌면 춤을
바꾸는 것이 새로운 박자를 타는 것이다.

㉔ **세심한 쥐의 머리와 담대한 소의 목, 양자 사이를 자유롭게 오가라** :

쥐의 머리와 소의 목의 비유처럼, 세심한 부분까지
살피면서도 담대한 박자로 대국을 볼 줄 알아야
하며, 전투 중에도 양자 사이를 자유롭게 오가면
서 유연하게 전략을 바꿀 줄 알아야 한다.

㉕ **장수는 병졸들을 안다** : 병법의 도를 얻게 되면 장수가 나의
병졸들을 마음먹은 대로 부리듯이, 적을 나의
지배력 범위 안에 두고 내가 마음먹은 대로
자유롭게 움직일 수 있게 된다.

㉖ **칼자루를 놓아라** : 칼자루를 놓는다는 것은 여러 가지 뜻이
담겨있다. 칼 없이도 이기고, 칼을 가지고도 이길
수 없다. 마음이 텅 빈 상태를 공이라 한다. 칼로

153

써만 이길 수 있다는 생각을 버려라. 때로는 이겨야 한다는 생각조차도 버려라. 모든 뜻을 글로 다 적을 수는 없다. 명심해서 단련하라.

㉗ **부동의 바위 같은 몸** : 병법의 도를 얻게 되면 어떠한 타격에도 동요하지 않는 몸과 마음의 자세를 갖게 된다.
동요하지 않는 확고한 정신은 불패의 근본이다.
이것은 말로써 전한다. 지금까지 적어 놓은 것은 검선일여인 니텐이치류를 단련해 오면서 끊임없이 생각해 온 것들을 기술한 것이다.

내가 어릴 때부터 오직 병법의 도를 얻고자 단련하고 마음의 수행을 쌓아 왔다. 여러 가지 다른 기예도 익히면서 다른 유파들을 보았을 때, 말과 세세한 손놀림만 보여줄 뿐, 진실한 도에는 이르지 못하였다.

병법의 진실한 도는 적과 싸워 이기는 것이다. 이것은 변하지 않는 원칙이다. 니텐이치류의 지혜를 깨달아 바르게 단련해 나간다면 승리는 의심할 바가 없을 것이다.

바람(風)의 권

바람이란 삼라만상에 닿지 않는 곳이 없다.
예로부터 바람은 하늘의 소리라 하여 옛 바람, 새바람, 가풍, 학풍 등으로 쓰여 왔다. 세상에는 큰 칼을 사용하여 강함을 나타내기도 하며, 작고 긴 칼을 사용하는 유파도 있다. 칼을 겨누는 자세에 따라 '겉 기술'이다, '속 기술'이다 하고 구분하기도 한다.

다른 유파의 병법을 알지 못하면 니텐이치류의 도를 확실하게 이해하기 어려울 것이다.

미야모토 무사시는 <바람의 권>에 니텐이치류 뿐만 아니라 세상에 널리 유행하는 각 유파의 병법과 진정한 병법이 가야 할 길과 원칙에 대하여 자신의 생각을 9개 항으로 구분하여 기술하였다.

1. 긴 칼을 선호하는 다른 유파
2. 칼을 강하게 휘두르는 다른 유파
3. 짧은 칼을 사용하는 다른 유파
4. 다양한 검술의 기교를 사용하는 다른 유파
5. 칼 쥐는 자세를 중시하는 다른 유파
6. 시야를 한 곳에만 고정시키는 다른 유파
7. 다양한 보(步)법을 중시하는 다른 유파
8. 빠른 속도를 중시하는 다른 유파
9. 다른 유파 검술의 겉보기와 실상

검술을 생계수단이나, 현란하고 화려하게 장식한 공연으로 생각하는 다른 유파도 있고, 병법을 검술로만 한정하여 몸동작으로 기교만 부리고 칼 다루는 기술만으로 전투에서 이길 수 있다고 여기는 유파도 있다. 그렇게만 해서는 승리의 바른 길에 다다를 수 없을 것이다.

다른 유파의 모자란 점을 하나하나 기술하였으니 철저히 연구하여 니토이치류(二刀一流)의 도리를 잘 깨닫도록 하라.

㊌ 긴 칼을 선호하는 다른 유파

세간에는 "칼 길이가 한 치만 길어도 유리하다"고 말하는 사람이 있다.

긴 칼을 선호하는 유파는 칼 길이만큼 적과 거리를 두고 상대를 치기 때문에 이길 수 있다고 한다.
칼의 길이에 의지해 떨어져서 이기고자 하는 것은 약자의 병법이다.

상황에 따라 상하좌우가 막힌 곳에서 적들이 밀어닥칠 때 자유롭게 휘두를 수 없는 긴 칼은, 짧은 칼 보다 오히려 쓸모가 없다. 전투에서 긴 칼은 많은 병력이며, 짧은 칼은 적은 병력을 의미한다. 적은 병력으로 많은 적들을 쳐 없앤 예는 무수히 많다.

니텐이치류는 긴 칼만이 좋다는 좁고 편협한 생각에서 벗어난 것이다. 철저히 연구하라.

157

武 칼을 강하게 휘두르는 다른 유파

칼을 강하게 휘두르는 것만으로는 이길 수 없다.

마음을 강하게 먹고 칼을 세게 치는 것은 거친 칼잡이가 될 뿐이다. 상대의 칼을 세게 쳤을 때 자신의 칼이 부러질 수도 있어 예상치 못한 나쁜 일이 생길 수도 있다. 적과 마주 쳤을 때 적을 세게 벨 것인가, 약하게 벨 것인가를 생각하지는 않는다. 오로지 적을 죽여야겠다고만 생각한다.

막강한 군사력으로 전투에 임하면, 적도 강하게 대항하여 격전이 벌어질 것이다. 무리하지 않는 병법의 지혜를 생각 하는 것이 니텐이치류의 도리임을 잘 생각하라.

㊊ 짧은 칼을 사용하는 다른 유파

오로지 짧은 칼로써만 이길 수 있다고 생각하는 것은 진정한 도가 아니다. 세간에 크고 힘쎈 사람은 큰 칼을 쉽게 휘두를 수 있기 때문에, 짧은 칼을 택할 이유가 없다. 짧은 칼을 쓰는 사람은 상대의 빈틈을 노려 가슴을 찌르고 덤비려고 하지만, 이런 것은 일방적이고 편협한 생각이다.

짧은 칼을 쓰는 자들은 많은 적들 속에서 자유롭게 움직이면서 적들을 벨 수 있다고 생각하지만, 항상 엉켜서 수세에 몰리기 쉽다.

세속에는 평상시 무예를 배울 때 빠져나가기 등, 뒤로 빠지는 잔기술만 연마하기 때문에 적들에게 밀려서 제압당하게 된다.

병법의 도는 확실하게 승리하는 것이 진정한 목적이다. 주도적으로 전투를 이끌어서 적들을 강하게 공격하고, 도주하는 적들을 뒤쫓아서 혼비백산하게 치고 복종시키는 것이 핵심 원칙이다. 철저히 연구하라.

🈺 다양한 검술의 기교를 사용하는 다른 유파

어떤 유파에서는 검술을 상품화하고, 초심자들의 시선을 끄는 수단으로 삼아 다양한 검술 기교들을 가르치지만, 이것은 병법에서 바람직하지 못한 것이다.

검술을 알던 모르던, 여자건 어린아이건, 사람을 베는 방법은 같기 때문이다. 다르다면, 찌르거나 옆으로 후려치는 것일 뿐이다. 손을 비틀거나, 몸을 뒤틀거나, 껑충 뛴다고 사람이 베어지는 것은 아니다. 이것은 소용없는 일이다.

그럼에도 위와 좌우가 막힌 장소나 상황에 처했을 때, 칼을 제대로 겨눌 수 있는 다섯 방향(상단, 중단, 하단, 오른쪽 옆구리, 왼쪽 옆구리) 겨눔 자세를 지녀야 한다.

자신의 몸과 마음을 곧게 하고, 적의 마음을 흔들어서 무너뜨리고 이기는 것이 니텐이치류의 핵심이다. 철저히 연구하라.

㉎ 칼 쥐는 자세를 중시하는 다른 유파

어떤 유파는 칼 쥐는 자세는 반드시 이렇게 해야 한다고, 고정된 법칙을 만들기도 하지만 그런 자세를 취할 수 있는 것은 적과 결투하지 않을 때 뿐이다. 자세란 유구무구. 즉, '자세가 있으면서도 자세가 없는 것'이어야 한다.

병법에서 승부의 도는 적이 생각하지 못한 전략으로 선수를 쳐서, 적의 박자를 혼란시키고 적을 무너뜨려 이기는 것이다. 매사에 주도적으로 선수를 쳐라. 자세에만 집착하면 공격을 당했을 때 성을 지키고, 성 밖으로 움직이지 않아서 기선을 제압당하는 것과 같다.

대규모 전투에서는 적의 병력 수, 전장의 상태, 아군의 병력 수 등을 정확히 파악하고, 전략을 세워서 전투를 시작하는 것이 중요하다. 선수를 쳐서 전투의 주도권을 쥐는 자에게 승리는 배가될 것이다.

방어만 하는 자세는 창과 긴 칼도 울타리일 뿐이지만, 역습으로 공격할 때는 울타리에 꽂혀있는 막대기도 창과 긴 칼의 역할을 할 것이다. 철저히 검토하라.

㊧ 시야를 한 곳에만 고정시키는 다른 유파

어떤 유파는 시야를 적의 칼이나, 칼자루 쥔 손, 발이나 얼굴 등 특정한 곳에 고정시키라고 가르친다. 이런 것들은 마음을 혼란하게 하여 궁지에 빠지게 하는 병폐가 된다.

숙련된 곡예사는 보지 않고도 문짝을 코 위에 세우기도 하고, 몇 개의 칼로 묘기를 부리기도 한다. 이것은 평상시 손에 익을 정도로 습득하여 저절로 감지하게 된 것이다. 병법의 도도 이와 같다. 다양한 적과의 싸움을 통해서 저절로 체득하게 되면, 칼 사이의 간격과 속도까지도 볼 수 있게 된다.

눈을 둔다는 것은 상대의 마음 상태까지도 꿰뚫어 보는 것이다. 보는 것에는 관(観)과 견(見)의 두 가지가 있다. 관은 사물의 본질을 가장 깊숙이 관찰하는 것이다. 전장의 상황을 파악하고, 적의 심리를 살피고 적의 강약을 알아내어, 전투의 형세를 판단함으로써 확실하게 승리를 얻는 것이다.

일대일이든 대규모 전투든 시야를 사소한 것에 고정 시키면, 큰 그림을 놓치고 혼란에 빠져서 확실한 승리를 놓치게 된다. 이러한 이치를 철저히 연구하여 단련하라.

162

㊙ 다양한 보(步)법을 중시하는 다른 유파

어떤 유파는 뛰는 듯 걷기, 나는 듯 걷기, 밟아서 걷기 등 여러 가지 다양한 보법을 중시하라고 가르치지만, 병법상 이 것은 불충분하다.

전투에 임해서는 장소와 상황에 따라 그에 맞는 발걸음을 내디뎌야 하는데 늪이나, 개천, 돌밭, 좁은 길, 계곡 등에서는 뛰는 듯 걷거나, 나는 듯 걸을 수는 없을 것이다. 적들에 둘러싸였을 때 나는 듯 걷는다면, 풀린 발걸음이 될 것이다. 뛰는 듯 걸을 때는 정작 모든 신경이 뛰는 데에만 집중될 것이다. 또 그렇게 몇 번씩이나 뛰어야할 이유가 없기 때문에 잘 못된 것이다. 밟아서 걷기도 잘못된 것이다.

걸음은 평소 길 갈 때처럼 걸어야 하고, 리듬을 잘 맞추어야 한다. 억지로 보법을 정할 필요가 없이 적이 움직이는 리듬에 따라 너무 많지도, 부족하지도 않게 발걸음을 움직여라. 너무 느리면 허둥대는 적을 칠 수 있는 기회를 놓치게 된다.

적이 평정심을 잃고 무너지는 상황을 판단하여 적에게 여유를 주지 말고 쳐서 이기는 것이 중요하다. 철저히 단련하라.

㊌ 빠른 속도를 중시하는 다른 유파

병법에서 속도를 중시하는 것은 진정한 도가 아니다. 속도란 사물의 본래 성질에 따라 다른 것이며, 그에 맞지 않을 때 빠르다, 늦다 말하는 것이다.

음악이 바뀌면 춤도 바뀌어야 한다. 춤을 출 때 초보자는 마음만 급하고 박자는 맞추지 못한다. 하루 50리를 가는 자가 아침부터 밤까지 계속해서 빠르게 뛰는 것은 아니다. 미숙한 자는 하루 내내 달리는 것처럼 보이지만 성과는 별로 없다. 물론 느린 것 또한 잘못된 것이다.

어떤 일이든지 숙달된 사람이 하는 일은 조급하지 않고 느긋하게 보인다. 이와 같은 예로서 병법의 이치를 이해해야 할 것이다.

석이 낙지는 대로 서둘 때는 호흡을 차분하게 조절하여 끌려가지 않는 것이 중요하다. 호흡을 주의 깊게 공부하고 철저히 단련하라.

㊚ 다른 유파 검술의 겉보기와 실상

적과 싸울 때 껍데기로 싸웠다, 속 깊은 마음으로 칼로 내리쳤다고 할 수 없듯이, 병법에는 겉보기와 비밀히 전해오는 실상이 따로 있을 수 없을 것이다.

내가 창시한 니텐이치류에는 특별한 비법이 없다. 일대일의 싸움이든, 다수와의 전투이든 그 이치는 같다. 획일적인 태도를 버리고 상황에 따라 유연하게 대처하라. 기선을 제압하여 싸움의 주도권을 쥐고 일격에 쳐라. 싸우면 반드시 이기는 것이 병법의 도라고 할 수 있다.

초보자에게 병법을 가르칠 때는 그 사람 수준에 따라 먼저, 기본 원칙을 빠르게 이해시키고 점차적으로 깊은 도리를 가르쳐라. 실제적으로 진검승부의 체험에서 터득한 원칙을 바탕으로 가르쳐야 하는 것이다. 다른 유파 병법의 편협하고 모자런 점을 비판하여 9개 항으로 나누어 적어 놓았다. 다른 유파의 명칭을 따로 기술 하지는 않는다.

니텐이치류를 기술하여 전하는데. 서약문 같은 것을 따로 만들어서 전하고 싶지는 않다.

165

물고기가 물에 살듯이 사람은 도에 산다. 낚시로 낚을 수도 없고 그물로 잡을 수도 없는 큰 물고기라 할지라도, 물을 벗어나면 벌레들의 먹이에 지나지 않는다.

사람이 사는 세상을 세간(世間)이라고 한다. 세간살이가 도다. 달이 저기 있다고 손가락으로 가리킬 때, 손가락은 달을 보게 하는 수단이다. 글은 달을 가리키는 수단과 같은 것이다.

글로써 다 전하지 못하는 것은 비밀히 말로써 전한다. 말로써 다 전하지 못하는 것은, 밤을 새워 가면서 하늘에 있는 달을 스스로 보아야 한다.

니텐이치류는 수행의 끝에 다다라야할 궁극적 자세도 없고, 비밀히 전해야할 깊은 뜻이 따로 있는 것이 아니다. 수행의 길에 들어서는 입문이 따로 있는 것도 아니다. 오직 몸과 마음을 다하여 싸워서 이기는 병법의 도를 꿰뚫어 보는 것. 이것이 병법의 핵심이다.

8장

주역이 주는
네 가지 선물

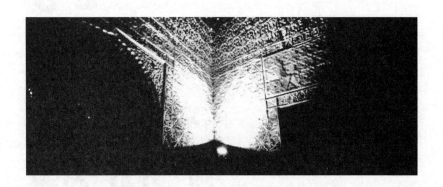

미래를
알고자 하는
인류의 욕망

　　　　　지나온 역사를 기록하는 것 보다 미래를 예측하는 작업은 훨씬 어렵고 고난스러운 작업이다. 우리가 미래를 알 수만 있으면 언제나 승리자가 될 수 있을 것인가? 미래는 오직 신만이 알 수 있을 것인가? 미래를 알고자 하는 인류의 욕망은 태초 때부터 계속된 것이다.

　고대 그리스에서는 델포이의 아폴론 신전에서 신탁을 구했다. 고대 중국 은나라에서는 거북등이나 소뼈에 새긴 문자를 구워서 갈라지는 균열을 보고 길흉을 점쳤다. 이 점치던 갑골 문자가 한자의 기원이 되었다. 피타고라스는 수를 이용하여 점을 쳤다.

　예언가로 유명한 노스트라다무스의 청년 시절, 이탈리아를

169

여행하던 그는 길을 지나가던 펠리체 뻬레띠라는 수도승에게
무릎을 꿇고 절을 하며 "교황님 앞에서 무릎을 꿇습니다." 라
고 말하자 거리의 사람들과 수도승이 깜짝 놀라 "왜 그러느
냐?"고 말했다. 그 수도승은 1585년에 정말 교황이 되었으니
그가 바로 식스투스 5세였다. 또 언젠가 메디치가의 왕비 까
떼린 데 메디치가 점성술사인 그를 방문했을 때, 그는 왕비의
수행원 중의 한 소년에게 나중에 프랑스 왕이 될 것이라고
예언 하였다. 그 후 그는 정말로 프랑스 왕이 되었다. 그가
앙리 4세였다.

노스트라다무스는 "1999년 일곱 번째 달, 하늘에서 공포의
대왕이 내려와 세상이 종말을 맞을 것"이라는 예언을 하였다.
우리는 아직도 이 세상에 살고 있고 그의 예언은 빗나갔다.

매년 새해가 되면 토정비결을 보고 한해의 길흉을 점치고, 북두
칠성의 빛이나 위치로 길흉을 점(자미두수) 치기도 한다. 서양에서
는 점성술로 점을 쳐왔다. 대통령 선거 때가 되면, 주역으로 대통
령 선거 결과를 점치고, 여론조사로 예측을 한다. 오늘날 기후와
기상의 예측은 비지니스에 큰 영향을 주는 요소가 되었다.

미래 예측은 세상이 변하는 이치와, 현상과 본질을 명확하게 이
해하는 데서부터 출발하여야 할 것이다.

170

☯ 미래를 알려면 현재의 행동을 보라 ☯

미래를 알려면 현재의 행동을 보고, 과거를 알고 싶으면 현재의 모습을 보라. 현재는 과거에 했던 행동의 결과요, 미래는 현재 하는 행동의 결과이기 때문이다.

☯ The future is purchased by what you do in the present.
미래는 현재 당신이 하는 행동에 따라 결정 된다.

☯ The best way to predict your is to create it.
미래를 예측하는 최상의 방법은 미래를 창조하는 것이다.

☯ There is nothing like a dream to create the future.
utopia today, flesh and blood tommorrow.
미래를 창조하는 데는 꿈만한 것이 없다.
오늘의 유토피아가 내일의 실체가 된다.

171

๑ 주역은 세상이 변화하는 원리를 알게 하고, 현재의 변화를 설명하는 철학서이다. 미래는 자신이 현재하는 행동에 따라 결정된다. 미래는 현재하는 행동의 결과이기 때문이다.

따라서, 주역의 이치를 이해하여 길(吉)을 취하고, 흉(凶)을 피한다면, 미래를 점칠 수 있을 것이다.

현상과
본질

세상은 변해간다. 주역은 세상이 변하는 이치를 알고, 미래를 예측하는 것이다. 현상은 자연계나 인간계에 어떤 모습으로 나타나는 것으로, 인간이 지각(知覺)할 수 있는 모든 사물을 말한다. 본질은 어떤 사물의 고유한 특성과 본성(本性)을 말한다. 무상하게 변해가는 현상 속에서 언제나 변하지 않는 본질적인 이치를 아는 것이 도(道)이다.

자연은 쉽고 간단하게 변해간다. 천지가 있고난 뒤에 만물이 있고, 만물이 있고난 뒤에 사람이 있게 되었다. 한낮이 지나면 밤이 오고, 천지는 사계절로 변해 간다. 사람은 생·노·병·사로 변해 간다. 역(易)의 이치는 쉽고 간단하다.

지욱선사가 <주역 선해> 머리말에서 이야기한 것은, 변해가는 무상한 현상에 끌려들어 가지 말고 언제나 변하지 않는 본질을

173

바로 보라는 것이다. 마치 사람이 돌을 던지면 개는 돌멩이를 따라서 쫓아가지만, 사자는 돌을 던진 사람을 바로 무는 것과 같은 이치다.

개	돌멩이를 쫓아간다	현상	무상 無常	어리석음	흉 凶	피해야할 행동
사자	돌을 던진 사람을 바로 문다	본질	항상 恒常	지혜	길 吉	취해야할 행동

174

The book of
changes

주역은 영어로 <The book of changes>다. 변화의 책을 뜻하는 보통명사가 아니고 <주역>을 가리키는 고유명사다. <주역>은 미국 온라인 서점 아마존에서도 오랜 기간 동안 베스트셀러로 팔린 책이다.

미국과 중국의 격돌로 세계경제는 한 치 앞도 알 수 없는 불확실한 정글지대에 들어섰다. 대륙의 광풍과 해양의 격랑이 대충돌하는 한반도는 안개가 자욱하게 끼어 나침반 없이 표류하는 배를 타고 가는 형국이다. 난세다.

폭풍우 치는 망망대해에서 산더미 같은 파도가 배를 덮치는데, 천지간에 날씨는 시시각각 어두워져가고 있다. 나는 어디에 있는가? 나는 어느 방향으로 나아가야 하는가? 글로벌 비즈니스 현장에 서있는 기업과 이 시대를 살아가는 모든 사람들이 불확실한

175

앞날에 대하여 근원적인 질문을 하고 있다. 주역은 여기에 답을
주고 있다.

주역으로 점을 친다는 것은 내가 어디에 있는지? 그 좌표를 찾
는 일이다. 어느 방향으로 나아가야 하는지? 한 괘가 6효(六爻,
주역의 괘를 이루는 6개의 가로 그은 획)로 구성된, 64괘의 지도에
서 그 길을 찾아 안내해 주고 있다.

그러면 주역이란 무엇인가? 주역은 변화에 관한 책이다. 역(易)은
바꿀 역이며, 쉬울 역이다. 세상이 변해가는 이치를 쉽게 알려 주
는 책이다. 유한한 시간과 공간에서 살아가야 하는 인간은 급변하
는 세상과 팍팍하고 곤궁한 현실에서도 오랫동안 변함없이 부귀
영화와 권력을 유지하고 명예를 누리며, 불로장생하고 싶은 욕망
을 가지고 살아간다. 그러면 어떻게 살아야 하는가? 변해야 하고,
통해야 한다고 주역은 답한다.

오랫동안 지속하려면
막힘없이 통해야 한다.
통하려면 변해야 한다.
변하면 곤궁함에서 벗어날 수 있다.

역(易)은 궁(窮)하면 변(変)하고,
변하면 통(通)하고,
통하면 오랫동안 지속(久)된다.

이리하면 하늘이 도와서
길하고 이롭지 않음이 없을 것이다.
하늘은 잠시도 쉬지 않고 운행하고
땅은 어머니 품처럼 만물을 길러낸다.
이로써 만물이 생기고,
사람이 생기고,
생성하고 또 생성하는 것이
역이다
(生生之謂易).

역이라고 하는 것은 사람들에게 만물의 변하는 모습(象)을 보여 주고자 하는 것이다. 상(象)이라는 것은 곧 사물의 자세한 본받음이다.

주역 64괘 하나하나가 나타내고 있는 괘상의 상징적 의미와 가르침을 설명하고 있는 것이 단(彖)이다.

공자는 천하를 주유하며 곤궁한 속에서도 50세까지 그 가죽 끈이 세 번이나 끊어질 정도로 주역을 읽었다.

177

주역이
주는
네 가지 선물

공자는 계사전을 지으며 특별히 스스로 자왈(子曰, 공자께서 말씀하시기를)이라는 두 글자를 넣어 "역은 지극 하도다!"라고 감탄하고 있다. 공자는 역이 가르치는 근본 이치와 점(占)을 치려는 자들이 역서를 활용하는 방법을 네 가지로 구분하여 설명하고 있다.

역에는 성인의 도가 넷이 있다.
1. 역으로써 말하고자 하는 자는 그 말을 숭상하고,
2. 역으로써 행동해 나가야 하는 방향을 얻고자 하는 자는 그 변화를 숭상하며,
3. 역으로써 도구를 만들려는 자는 그 형상을 숭상하며,
4. 역으로써 점(占)을 치려는 자는 그 점을 숭상한다.

이 때문에 군자가 장차 하고자 마음먹은 일이 있거나 장차 이루고자 하는 일이 있을 때, 물어서 얻는 응답이 마치 메아리가 돌아옴과 같아서 먼 것이나 가까운 것이나, 깊거나 어두운 것에 상관없이 미래의 일들을 알게 된다. 천하에 이르는 지극한 정성이 아니면 그 누가 능히 이런 것들을 얻을 수 있겠는가?

군자는 괘의 상을 보고 괘사의 뜻을 깊이 음미하고, 괘의 변화를 보고 점치는 뜻을 깊이 음미한다. 역에 네 가지 성인의 도가 있다고 함은
① 괘사의 뜻을 깊이 음미하다 보면 말이 능숙해질 수 있고
② 변화를 관찰하다 보면 능동적으로 행동할 수 있게 된다.
③ 상(象)을 관찰하다 보면 곧 도구를 만들 수 있게 되고
④ 점치는 뜻을 깊이 음미하다 보면 점치는 것으로써 의혹을 풀 수가 있게 된다.

말하고, 행동하고, 도구를 만들어내고, 점치는 것은 성인이 몸을 닦고 사람을 다스리는 일이다. 천문과 지리, 사람이 세상을 살아가는 일에 있어 이 네 가지 외에 다른 무엇이 있겠는가?

일반적으로 주역은 한해의 첫머리에 개인의 운세를 점치고, 국가의 명운을 점치는 책으로 알려져 있다. 주역을 말하면, 계룡산에서 30년간 주역을 공부하여 미래를 훤히 내다볼 수 있다는 도사들의 이야기가 떠오를 것이다.

179

공자는 분명하게, 자신이 저술한 계사전에 주역이 주는 네 가지 선물을 설명하고 있다. ① 말, ② 변화, ③ 도구를 만드는 형상, ④ 점치는 일이다.

주역은 단순히 점치는 책에 그치지 않는다. 5,000년 전 복희씨가 천하를 다스리던 신석기 시대와, 3,000년 전 문왕과 그의 아들 주공이 천하를 다스리던 때는 왕이 하늘에 제사 지내는 제정일치 시대였다. 나라의 가장 큰 행사는 하늘에 제사를 지내는 일이었다. 천문과 지리, 사람이 살아가는 세상의 이치를 알아서 하늘에 제사를 지냈다. 국가의 존망을 결정하는 전쟁을 할 때에도 64괘를 지도로 삼아 점을 쳐서 좌표를 정하고, 나아가고 물러서는 결정을 하였다.

혼란하고 소란스러운 세상. 난세에 주역은 어떤 의미가 있는가? 지금 초불확실성의 세상에 가장 확실한 사실은 50년 후의 지구는 더 이상 지금의 생태계가 아니라는 것이다. 21세기 인류는 인간과 자연과의 화해라는 과제를 안고 살아가고 있다. 본래 물고기가 물을 벗어나서 살 수 없듯이 사람이 살아가는 이치도, 자연을 벗어나서는 살아갈 수 없는 것이다.

사물이 극에 달하면 반드시 되돌아가는 법이다. 동양에서 출발했던 태초의 문명이 서양의 시대를 돌아서 다시 동양으로 돌아오고 있다. 만물이 간방(북동)에서 시작되고, 간방에서 끝나듯이 간방에 속한 이 한반도에서 새로운 문명이 태동할 것이다.

나비가 알을 낳으면 알에서 유충이 나와 한 마리의 애벌레가 된다. 애벌레는 3일 후 고치 속에 들어앉아 재탄생을 기다리며, 7일 후 나비로 재탄생 한다. 이것이 20일간의 나비의 일생이다. 애벌레가 고치를 거쳐 나비가 되는 것은 삶의 순환이다. 삶의 변화다. 애벌레는 고치가 되는 것이 두렵겠지만 그것을 반드시 거쳐야만 나비가 된다.

미래를 안다는 것은 수(数)를 아는 것이다. 수는 반드시 다함이 있고, 다한즉 반드시 변하게 되며, 변한즉 통하고, 통한즉 오랫동안 장구(長久)하게 된다. 역을 배운다는 것은 이것을 아는 것이다.

☯ 1이 있으면 반드시 2가 있고, 2기 있으면 반드시 4가 있다. 4가 있으면 반드시 8이 있다. 8이 있으면 반드시 64괘가 있으며, 64괘가 있으면 반드시 384효가 있다. 그러나 384효는 단지 64괘이고, 64괘는 다만 8괘이며, 8괘는 다만 사상이고, 사상이 바로 음양이며, 음양이 바로 태극이다.

태극은 본래 얻을 수 없는 것이다. 태극을 얻을 수 없으면, 곧 384효도 모두 얻을 수 없다. 그러므로 수를 바탕으로 해서 도(道)를 드러낼 수 있을 뿐이다.

181

● 음은 양으로 변할 수 있고, 양은 음으로 변할 수 있다. 하나가 다수가 될 수 있고, 다수가 하나가 될 수 있다. 이렇듯 수로써 도를 체득한 자는 가히 덕행을 신비스럽게 행하게 된다. 이미 수의 이치를 통해서 도를 깨닫고, 그 덕행을 신명스럽게 행할 수 있게 되면, 곧 세상사의 지극히 오묘한 것과 지극히 미세한 움직임까지도 더불어 대할 수 있게 되며, 귀신도 능히 할 수 없는 일을 성인은 또한 능히 도와줄 수 있게 되는 것이다.

이것이 '하늘 보다 먼저 해도 하늘을 어기지 않는다'는 뜻이다.

사람들은 단순히 시초(고대 중국에서 점칠 때 사용했던 쑥 같이 생긴 풀)로 점을 쳐서 변화의 수를 알 수 있을 뿐이다.

만약 역의 이치를 깨달으면, 우주만물에 두루 작용하고 있는 역의 이치가 신령스러운 지혜의 고요히 비추는 작용 속에 나타나게 될 것이다.

변화의 도를
아는 자는
신이 행하는 바를
알 수 있다.

　　　　점을 친다는 것은 현재의 좌표를 설정하는 것이다. 역은 변화의 이치를 아는 것이다. 변화의 도를 안다는 것은 역의 이치를 나침반으로 삼고, 64괘와 384효를 지도로 삼아 자신이 현재 처해있는 상황과 현상이 어떻게 변해 가는지 해석해 가는 것이라 할 수 있다.

　어지러운 세상. 난세에, 망망대해의 거친 파도와 폭풍을 헤치고 안개 속을 항해해 나아갈 때, 밀림 속의 수풀을 헤치고 미래를 향한 여정으로 나아갈 때, 지도와 나침반은 우리의 소중한 길잡이가 될 것이다.

혼돈과 격변의 시대, 초불확실성의 시대에 우리 는 나아가야 할 좌표를 새롭게 설정하여야 할 것이다. 변해야 산다는 시대적 과제의 해결에 주역은 그 길잡이가 될 것이다.

주역은 말한다. 변화의 도를 아는 자는 신이 행하는 바를 알 수 있다.

주역
선해

☯ **탄허 스님의 생전 설법** ☯

죽어도 죽지 않는 것이 가장 오래 사는 놈이다. 그러면 이 세상에서 가장 오래 사는 것은 무엇인가? 석가, 예수, 공자가 가장 오래 사는 분들이다. 공자의 제자 '안연'은 32살에 죽었지만 '공자' 이후에 안연을 당할 인물이 아직까지 한사람도 안 나왔다. 이것이 죽어도 죽지 않고 오래 사는 것을 의미한다.

하늘과 땅은
길고 오래간다.
하늘과 땅이 그토록
길고 오래가는 이유는

185

존재하려고 스스로
애쓰지 않기 때문이다.

그러므로 능히 오랫동안
존재할 수 있게 된다.

그래서 성인은
자신을 앞세우지 않음으로써
남의 앞에 설 수 있게 된다.

자신을 세상 밖에 둠으로써
세상에 자신을 있게 한다.

이토록 작은 사사로움을 버림으로써
능히 세상에 자신이 존재하는
큰 사사로움을 얻게 된다.

(도덕경 7장)

#5

조선조 말, 나라의 안팎이 어수선한 난세일 때 어느 시골 서당에서 아홉 살의 한암 스님이 중국 고서 <사략>의 첫 대목을 읽고 선생님께 물었다. 사략은 중국 상고시대 (복희씨에 의해 처음으로 8괘가 그려지고 64괘가 만들어진 시대)부터 송나라까지 중국 수천 년간의 역사를 알기 쉽게 요약하고 정리하여 편찬한 역사책이다. 사마천의 사기와 반고의 전한서, 진수의 삼국지 등 중국의 정사(正史) 18 가지 책을 요약한 것으로 18 사략이라고도 한다. 황제부터 시정잡배에 이르기까지 다양한 인간 군상들이 펼치는 파란만장한 이야기가 실려 있다.

- 태고에 천황씨가 있었다고 하는데, 그러면 천황씨 이전에 누가 있었습니까?
◦ 천황씨 이전에는 반고씨 라는 임금이 있었다.
- 그렇다면 반고씨 이전에는 누가 있었나요?

시골 서당의 선생님은 이 질문에 말문이 막혀 답을 하지 못하였다.
한암 스님은 그 후 공부와 수행을 계속하였고, 어느 해 한국 불교계의 중흥조라고 불리던 경허 스님을 만나서 금강경 설법을 들었다.

- 무릇 형상이 있는 것이 모두 허망한 것이니, 만일 형상이
  있는 것이 형상 있는 것이 아님을 알면 곧 여래를 볼지라.

한암 스님은 이 구절을 듣고 아홉 살 때, 시골 서당에
서 처음 가진 의문에 대한 답을 스스로 알게 되었다.
그것은 유교 경전에서 본 일 태극이요, 선불교에서 말
하는 청정법계였다.
이것은 탄허 스님의 생전 설법 중 일부이다.

탄허 스님은 주역 연구를 통하여 베트남 전쟁과 6·25 전쟁,
울진·삼척 무장공비 침투사건을 예견하여 그의 예지능력을 입
증한바 있다. 2011년 3월 11일 동일본 대지진과 지진에 의한
원전사고도 사전에 예견한 것으로 알려져 있다.

- 지구상에 소규모의 전쟁들이 계속 일어날 것이다. 지진에
  의한 자동적인 핵폭발이 있게 되는데, 그 때는 핵 보유국
  들이 말할 수 없는 피해를 입게 될 것이다.
  탄허 스님이 주역을 통하여 예언한 몇 가지를 살펴보자.

☯ 복희 선천 괘가 천도(天道)를 주로 밝힌 것이라면, 문왕 후천
  괘는 인도(人道)를 주로 밝힌 것이요, 정역(正易) 후천 괘
  는 지도(地道)의 변화를 주로 밝힌 것이다. 세계적인 변

화가 지도(地道)의 변화를 따라서 반천복지(潘天覆地)하는 대변화를 나타내는 것이다.

현금 지구가 조금 측면으로 기울어져 있는데 반하여 그때는 지구가 정면으로 서면서 세계적인 지진과 쓰나미로 변화가 오는 것이니 이것이 바로 프랑스 예언가의 세계 멸망기가 아닌가 한다. 그러나 성경의 말씀과 예언가의 말은 심판이니 하였지만 역학적인 원리로 볼 때엔 심판이 아니라 성숙이며, 멸망이 아니라 결실인 것이다.

☯ 또한 그러고 보면 일인 독재의 통치시대는 선천사가 된 것이요, 앞으로 오는 후천시대는 만민의 의사가 주체가 되어 통치자는 이 의사를 반영시킴에 불과할 것이다. 강태공의 말씀에 천하는 천하인의 천하이지, 일인의 천하가 아니라는 것도 바로 이것을 의미하는 것이다.

지구가 성숙함에 따라 후천시대는 결실시대로 변하는데, 이 결실을 맡은 방위가 간방이며 간방은 지리적인 8괘 분야로 보면 바로 우리 한국이다. 우선 이 우주의 변화가 이렇게 오는 것을 학술적으로 전개한 이가 한국 외에 있지 않다. 이 세계가 멸망이니 심판이니 하는 무서운 화탕 속에서 인류를 구출해 낼 수 있는 방안을 가지고 있는 이도 한국 이외에 다시없는 것이다. 그러고 보면 한국은 세계적

189

인 신도(神都), 다시 말하면 정신 수도의 근거지라 하여도 과언이 아닐 것이다.

고대부터 현재까지 동양과 서양, 모든 인류는 앞날과 미래를 예측하여 주어진 삶을 승리해 나가고자 다양한 방법과 예측을 시도해 왔다. 지금도 앞날과 미래를 알고자 하는 인간의 시도는 계속되고 있다.

21세기 자연과 인간의 화해시대, 정신과 물질의 조화와 균형의 시대를 주도하여 새로운 미래로 이끌어 나가야 할 우리나라는 가야 할 길을 밝히고, 미래를 예측하여 새롭게 만들어 나가는 일이 국가의 흥망성쇠에 크게 영향을 미칠 수 있다는 것을 늘 유념하여야 할 것이다.

주역은 현재의 좌표를 명확히 인식하고 급변하는 난세에 가야할 길을 밝혀주는 길잡이가 될 것이다.

지욱 선사의
주역 선해

　　10조 9만 5천 4십 8자에 이르는 방대한 화엄경을 17년간의 한글 번역작업을 거쳐 1974년 완간한 탄허 스님은, 중국 명나라 시대의 유학과 불교적 언어로 씌어진 <주역 선해>를 한문 원전에 토를 달고 한글로 옮겨 적어 1980년대 초에 출간한 바 있다.

　<주역 선해>는 명나라 말기에 당시 4대 고승 중 한 사람으로 일컬어지는 지욱 선사(1599-1655)가 저술하였다.

　명나라가 망하고, 청나라가 들어서는 혼란하고 변화무상한 난세를 몸소 경험한 그는 혼란하고 급변하는 당시의 시대 상황을 "교역의 시대인가? 변역의 시대인가?"하고 자신에게 끊임없이 질문하고, 성찰해 나갔다.

191

이러한 질문은 혼란하고 어지러운 세상, 난세를 살아가는 우리 자신을 향한 질문이기도 하다. 진정, 이 시대는 교역(交易)의 시대인가? 변역(変易)의 시대인가?

지욱 선사는 43세가 되던 1641년부터 <주역 선해>를 쓰기 시작하여 47세인 1645년에 끝마쳤다.

☯ 세상사는 꿈만 같아 다만 천차만별하게 변하고 있으니, 교역의 시대인가? 변역의 시대인가? 천차만별한 세상사를 다 겪어 오면서 시대와 땅이 함께 변했는데, 변하지 않는 것은 의연하게 예전과 같구나!

나는 까닭에 "해와 달이 하늘에 머물러 있지만 운행하지 않은 듯 하고, 강물과 시냇물이 서로 빠르게 흘러가면서도 흐르지 않는 듯하다"는 옛 현인의 말씀이 나를 속이지 않음을 알 수 있었다.

그 변하지 않는 이치를 알아서 그 지극한 변화에 대응하고, 그 지극한 변화를 관찰해서 그 변함없는 이치를 체험하는 것은 항상(恒常)과 무상(無常)이라는 두 마리 새가 함께 노니는 것이 아니겠는가?

내가 어찌 문왕이 유리옥에 갇혔던 일과, 주공이 유언비어로 모함을 받았던 일, 그리고 공자가 천하를 주유하던 중에도

50세까지 가죽 끈이 세 번이나 끊어질 만큼 주역을 읽으셨던 일. 그 세 분의 뜻을 알 수 있겠냐마는 주역을 완성하신 세 분 모두 나와 같은 이러한 뜻이었을 것이다. 나는 부끄럽게 도 세 분 성인과 같은 덕의 배움은 없지만, 백성들이 스스로 역의 이치를 체득하여, 굳이 길함을 찾고 흉함을 피하고자 요행과 술수에 빠지지 않기를 바라는 마음이 세 성인의 뜻일 것이라고 생각하여 <주역 선해>를 저술하였다.

주역으로
미래를
예측하는 법

공자는 주역이 우리에게 네 가지 선물을 주고 있다고 말했다.

☯ 역으로 말하고자 하는 자에게 그 말을 알려 주고, 행동해 나가야 하는 방향을 알려준다. 도구를 만들고자 하는 자에게 그 형상을 알려 주고, 점을 치려는 자에게 현재 어디에 서 있는지 그 좌표를 알려준다.
점을 완미하다 보면 점치는 것으로써, 의혹을 풀 수 있게 되며 미래를 예측하는 수단이 된다.

주역은 천지를 기준으로 엮어 졌으며, 천지의 도를 남김없이 다 담고 있다. 그리하여 미래를 알 수 있는 것이다. 단순히 점을 쳐
194

서 미래를 예측할 수 있는 것은 아니다.

천지의 도는 한번 음(陰)하면 한번 양(陽)하는 것이다. 역의 이치를 깊이 깨달으면 세상에 대한 길흉을 미리 알고 미래를 예측할 수 있는 것이다.

운명을 아는 사람은 운명에 구속되지 않는다. 운명을 아는 까닭에 운명의 노예가 되지 않고 운명을 창조해가며 살 수 있는 능력을 갖추기 때문이다. 무슨 일이든 알면 미리 대비할 수 있고, 자유롭게 대처할 수 있게 된다.

공자는 계사전에 주역으로 점치는 이치를 적어 놓았다. 주역으로 점치는 법을 살펴보면 주역의 이치를 보다 정확하게 알 수 있을 것이다.

☯ 주역으로 점치는 이치 ☯

> **I. 대연수 50으로 본체를 삼는다.**

☯ 천1 지2 천3 지4 천5 지6 천7 지8 천9 지10
계사전에 있는 이 말은 하도(河図)에서 나온 수(数)가
천지의 수임을 밝힌 것이다.

☯ 1, 3, 5, 7, 9 홀수는 천수(하늘의 수)이며, 2, 4, 6, 8, 10
짝수는 지수(땅의 수)이다.
천수를 합하면 25(1+3+5+7+9)이고, 지수를 합하면
30(2+4+6+8+10)이다. 따라서 천지의 수는 55이다.

☯ 하도에서 나온 수 중에서, 중앙의 수 5를 제외하고
(수이지만 수가 아님을 나타냄) 오직 50의 수 만을 취해서,
대연수(그게 펼친 수) 50으로 삼아 천지의 본체를 쫓아서
작용이 일어나게 됨을 표시한다.

☯ 점이란, 대연수 50을 궁구(속속들이 깊이 연구함)해서
미래를 예측하는 것이다.

196

2. 50개의 시초 중 1개를 뺀다.

☯ 대연수가 50인데, 그 중에서 태극을 상징하는 1개를 뺀다.
이 하나는 설시가 끝날 때까지 움직이지 않고 상 위에 가로
로 내려놓는다. 그러므로 사용하는 시초는 49개이다.
50개 중에서 하나를 남겨놓고 쓰지 않는 것은 쓰임 중에
본체(태극)가 있음을 표시하고 있는 것이며, 또 쓰임 없는
쓰임(無用之用)이 본체인 태극과 더불어 함을 상징한다.

3. 시초 49개를 임의로 나누어 왼손과 오른손에 쥐고, 오른손에 쥔 시초만 상 위에 놓는다.

☯ 시초 49개를 임의로 둘로 나누는 것은 태극에서 음양이
나타나는 것을 상징한다. 왼손에 쥔 시초는 양으로 하늘
을 상징하고, 오른손에 쥔 시초는 음으로 땅을 상징한다.
땅을 상징하는 오른손에 쥔 시초(地策)만 상 위에 놓는다.

197

> 4. 상 위에 내려놓은 지책에서 하나를 뽑아 왼손
>   넷째와 다섯째 손가락 사이에 끼운다.

☯ 상 위에 내려놓은 지책은 땅(陰)을 상징하므로, 땅에서 만물
이 생성하는 이치에 따라, 지책에서 시초 하나를 뽑아(人柵),
왼손 넷째와 다섯째 손가락 사이에 끼운다.

왼손에 들고 있는 것은 천(天)책, 상위에 내려놓은 것은
지(地)책, 지책에서 하나를 뽑아 왼손에 낀 인(人)책은
천·지·인 삼재를 상징한다.

> 5. 왼손에 쥔 시초를 오른손으로
>   넷씩 센다.

☯ 왼손에 쥔 시초(친책)를 오른손으로 넷씩 세는 것은
춘·하·추·동 사계절의 변화를 상징한다.

6. 왼손에 쥔 시초는 오른손으로 넷씩 세고,
남은 나머지를 왼손 셋째와 넷째
손가락 사이에 끼운다.

☯ 왼손에 쥔 시초(천책)를 오른손으로 넷씩 세고 남은
나머지를, 춘·하·추·동 사계절을 돌고 남은 것이라
해서 윤달을 상징한다.

7. 상 위에 내려놓았던 지책을 다시 오른손에 들고,
왼손으로 넷씩 세어서 남은 나머지를 왼손
둘째와 셋째 손가락 사이에 끼운다.

☯ 손가락 사이에 끼우는 것은 윤달을 상징한다.

8. 왼손의 손가락 사이에 세 번에 걸쳐 끼워 놓은
   시초를 합하여 상 위에 가로 놓여 있는 시초의
   왼쪽 위에 세로로 놓는다.

🌑 왼손의 손가락 사이에 세 번에 걸쳐 끼워놓은 시초를
   합하여, 처음에 태극으로 하나를 뽑아서 상 위에 가로
   놓아두었던 시초의 왼쪽 위에 세로로 놓는다.
   50개의 시초(대연수 50)로 지금까지 행한 과정을
   일변(一變)이라고 한다.

🌑 한 효(爻)를 이루려면 3변(變)을 해야 한다. 주역 64괘의
   각 괘는 6효로 이루어져 있다. 그러므로 한 괘를 얻기
   위해서는 18변 해야 한다.

🌑 태극으로 놓은 1개의 책수는 18변 할 때까지 그대로 둔 채,
   49개의 시초로만 18변을 마친다.

9장

열 개의 날개를
가진 새,
주역

주역이
만들어진
과정

　　　　하늘의 운행이 땅에 영향을 미치고, 땅은 그 영향으로 변화 하면서 그 변화가 하늘에 다시 미치는 순환을 연속한다. 그 가운데 사람과 만물이 교감하여 변화하는 과정을 주역은 64괘라는 기호로 나타내고 해석해 간다.

　5,000년 전 문자가 없던 신석기 시대, 동굴과 들판에서 살며, 수렵과 채취로 먹을 것과 입을 것을 구하고, 집을 바꾸고 기둥을 올리고 서까래를 지어 비바람을 피하고, 조·피·수수를 경작하는 새로운 문명의 동이 트는 시대였다.
　새끼를 꼬아 매듭을 지어서 숫자를 표시하고, 매듭을 의사 전달의 도구로 사용하던 때였다.

당시 천하를 다스리던 복희씨가 우주만물이 변화하는 역의 이치를 깨달아 8괘의 기호를 긋고 64괘를 지었다. 천문과 지리, 사람이 살아가는 세상의 이치를 8괘의 기호로써 최초로 형상화하였던 것이다.

周 복희씨가 천하의 왕이 되었을 때, 8괘를 그었다. 易

☯ 해와 달, 별들이 움직이고 춘하추동 사계절이 변하는 천문에 대한 관찰과

☯ 산과 바다, 연못의 높음과 낮음, 깊고 얕음, 동식물의 분포서식인 땅의 법식을 관찰하고

☯ 새와 짐승의 모양을 연구하여

☯ 인간의 몸에서부터 천지만물에 이르기까지 모든 존재의 특성을 형상화하여 8괘의 기호를 긋고 64괘를 지었다.

◉ 은대 말기에 유리옥에 갇힌 문왕이 단사를 지었다. 易

☯ 복희씨의 뒤를 이어 청동기 시대였던 3,000년 전 은대 말기
   에 중국 서쪽 지방 제후로 있던 문왕이 폭군이었던 주왕에
   의해 유리옥에 갇히게 되었다.

☯ 자신이 처한 시대적 난제를 극복하고 앞으로 모든 백성이 길
   함을 얻고 흉함을 피하게 하고자 복희씨가 그린 8괘의 기호
   를 64괘로 순서를 정비하고, 기호로 된 64괘의 각 괘 마다
   괘의 명칭을 정하고 괘를 풀이한 글인 단사를 지었다.

◉ 주공이, 효사를 붙였다. 易

☯ 주공은 주나라의 문물제도를 정비하고, 아버지 문왕의 역(易)
   을 계승하여 64괘 384효(각 괘마다 6효가 있다, 64괘 × 6효
   = 384효)에 효(爻)를 설명하는 효사를 붙였다.

☯ 마침내 주역은 64괘와 384효를 통하여 세상의 사물과 세상
   사를 단정적으로 표현하게 되었다.

205

㉄ 공자가 주역에 열 개의 날개를 달아 줌으로써,
마침내 주역은 완성 되었다. ㉇

☯ 주역은 주나라의 역을 뜻한다. 로마가 쇠퇴해가던 시절, 둘로
갈라진 서로마가 멸망하고 동로마로 명맥을 유지 해가던 때
가 있었다.

주나라가 수도를 동쪽 낙양으로 옮기고 국호를 동주라 부르
게 되었을 때, 제후들은 힘없는 동주의 통치를 받아들이려고
하지 않고 제각기 패권을 장악하려고 노골적인 도전과 혼전
을 되풀이 하였다. 이러한 난세는 500년 동안 계속 되었다.
이 시기를 일컬어 춘추전국시대라고 한다.

☯ 춘추시대 말엽에 노나라를 떠나 천하를 주유하던 공자는 50
세까지 가죽 끈이 세 번이나 끊어지도록 주역을 읽었다.

주역의 그윽한 이치에 감탄한 공자는 문왕이 쓴 64괘의 괘사
를 자신이 해설한 <단전> 등 열개의 날개(단전, 상전, 건문언
전, 곤문언전, 계사 상전, 계사 하전, 설괘전, 서괘 상전, 서괘
하전, 잡괘전)를 주역에 달아 주었다.

이로써 오늘날까지 전해져 오는 주역이 완성 되었다. 열 개의

206

날개를 단 주역은 2,500년이란 시간을 뛰어 넘고, 중국 대륙 이라는 공간을 뛰어 넘어 전 세계로 전해졌다.

주역의 역사는 복희씨에 의해 처음으로 8괘가 그려지고 64괘가 만들어진 시대를 상고 시대, 64괘에 괘명을 붙이고 단사를 단 문왕과 384효에 효사를 붙인 문왕의 아들 주공의 시대를 중고시대, 그리고 공자와 그 제자들에 의해 열 개의 날개가 붙여진 시대를 하고 시대라고 한다. 우리가 지금 사용하고 있는 중고 물품의 중고는 '중고 시대'에서 따온 말이다.

초불확실성의 시대,

서로 뒤얽혀있는 '복합적 세계 문제'의

해결은 인간과 자연의 교감이라는 우주

적 관점에서 관찰해야 답을 찾을 수 있다.

주역은 여기에 답을 줄 것이다.

하늘과 땅이 서로 영향을 미치면서 운행을 계속하고, 그 가운데 사람과 만물이 교감하여 변화를 계속해 나간다. 오늘날 세계는 불안하고 예상할 수 없는 위험들로 가득 차 있다. 이러한 복잡한 문제들은 지나간 오랜 과거부터 계속되고 있는 문제들과 서로 뒤얽혀 새로운 문제들을 낳고 있다.

인류는 축적해온 막대한 지식과 과학기술의 수단을 가지고 있음에도 빠져나올 수 없는 위기감을 느끼고 있다. 무수한 원인의 근저에는 인류가 지구에서 달성한 모든 생명체에 대한 절대적 지배자의 입장에서 비롯되고 있다.

오늘날 새롭게 제기되는 문제들은 지금까지 해왔던 방법,

즉 독자적이며 단순하고, 개별적인 측면에서 처리해서는 문제를 해결해 나갈 수 없다는 것이 명백해졌다. 인류가 과거에 문제를 해결해 왔던 방식인 경제적, 정치적, 군사적 행동만으로 난제를 해결해 나가고자 한다면 상황은 더욱 악화 될 것이다.

초불확실성의 시대. 인류가 당면하고 있는 '복합적 세계 문제'는 인간 시스템 전체의 기능부전에서 생기고 있다. 각 문제들이 미세하게 갈라지면서 새롭게 만들어 가고 있는 가지들은, 끝없는 미로를 새롭게 만들어가고 있다. 미로속의 가지들은 서로가 뒤얽혀서 끊임없이 서로 영향을 주고받고 있는 상황이다. 이러한 '복합적 세계 문제'는 개개부분에 대하여 개별적인 문제해결을 시도하는 것은 무모한 노력이다.

하나의 전체는 다른 전체와 연결되어 있다. 때문에 원인도, 문제도, 해결책도 모두가 거대한 하나의 연속체로 상호 연결되어 있음을 이해하고, 만물의 세계성이라는 동태적 실상을 고려하여야 한다. 따라서 **우리는 주역에서 그 답을 찾을 수 있을 것이다.**

사물을 관찰할 때에는 어느 각도에서 볼 것인가가 중요하다. 그러므로 우리는 인간 조직 전체의 핵심을 찌를 수 있고, 또한 지구적 시야를 가질 수 있는 관점에서 문제를 바라보아야 한다.

209

우주는 137억 년 전, 태양은 50억 년 전, 지구는 약 46억 년 전에 탄생하였다. 생명은 지구의 원시 바다에서 대략 35억 년 전에 탄생하였다. 이때 태어난 생명은 단세포였다. 오늘날 우리는 산호초에서 영원히 죽지 않는 단세포 생명의 흔적을 찾을 수 있다. 단세포로 이루어진 생명은 죽음이 없다. 똑같은 형태로 무한히 재생할 수 있기 때문이다. 7억 년 전 어느 날 두 개의 단세포 생명이 만나서 서로 결합하여 다세포 생물이 출현하게 되었다. 그 후 세포들은 점점 더 큰 규모로 결합하게 되었고, 새로운 변종을 낳고 더욱 분화를 계속하여 왔다.

지구의 형성과 생명출현을 일주일의 연대기로 구성하여보자. 지구가 월요일의 최초 1분 동안에 탄생했다고 가정하면, 생명은 목요일 아침 일찍 태동하기 시작하였다. 그 후, 몇 십억 종의 변종이 태어나 번식하고, 새로운 변종을 낳고 분화를 계속하여 왔다. 포유동물이 출현한 것은 약 2억 년쯤 전이다. 일주일간의 지구 연대기로 보면 토요일 저녁이 이미 저물어갈 무렵이다.

최초의 유인원이 삼림을 버리고 평지로 나와 직립 보행을 하고 수렵·채취 생활을 하기 까지는 상당히 오랜 시간이 걸렸다. 유인원들은 양손이 자유롭고 새로운 일을 하는데 사용할 수 있다는 것을 깨달았다. 이러한 일들로 인하여 두뇌의

210

발달을 가져오고 더불어 역사적인 인간화 과정이 시작되었다. 이것은 1천만 년 전에 일어난 일이니, 토요일 오후 11시 45분 사이에 해당하는 시간이다.

　이 짧은 최후의 시간이 지나가려고 할 때 중대한 사건이 임박했다. 자연이 낳은 최후의 중요한 존재인 호모 사피엔스가 지구상의 도처에 첫 선을 보인 것이다. 1백만 년 전 자정을 알리는 시계소리와 함께였다. 그리하여 '인간의 시대'가 개시되었으나, 인간이 행한 최초의 일은 다른 영장류 그리고 각종 다른 생물들과 투쟁하는 일이었다.

　인간의 등장과 더불어 일요일은 다른 요일들과는 현격하게 달라졌다. 현재 인간은 일요일 아침 시발점에 서 있다. 인간은 다른 생물 중에서도 아직 신참자이며 인간의 출현과 더불어 이 행성의 모든 것이 변하였다. 인간에 의해 시작된 새로운 시대는 지극히 불균형적이고 기묘한 것이다. 이 시대는 2기로 나눌 수 있다.

　인간의 역사 백만년 중 99%를 차지하는 선사시대와 그 후의 유사시대가 그것이다. 선사시대를 통해 인간은 강인함을 몸에 익혔으나, 아직 원시적이었고 비교적 느린 속도로 일을 진척 시키고 있었다. 그 후, 지금부터 1만 년 전에 인류는 돌연히 만사를 선택하는 속도가 빨라졌다. 그로인해 우리의 선

211

조가 행한 것이나 기록한 것, 또한 우리에게 전승해 준 모두는 유사시대라 불리는 1만년 동안에 일어난 일이다. 이 기간은 인간시대 전체의 불과 1%에 지나지 않는다. 일주일간의 지구 연대기 전체로 보면 겨우 1초에 해당하는 시간에 불과하다.

비교적 짧은 유사시대 1만년 동안 인간들은 선사시대 1만년 보다 경악할 정도로 많은 물질혁명의 성과를 구축해 왔다. 미지의 지구를 탐험하며 강대한 제국을 구축하여 인간의 지배를 강화하였다. 인간 정신은 스스로가 창출한 종교에 의하여 더욱 고양되고, 인간 생활은 예술과 문화에 의하여 더욱 풍성하게 되었다. 탐구적인 인간의 마음은 물질의 본질이나 생명의 불가사의에 대해 보다 많은 것들을 배우도록 단련 되어져 왔다.

그러나 지금까지의 인간의 향상은 항상 자연에 대한 경의와 존엄으로 가득 차 있었다. 새로운 토지나 하천, 식물 등을 발견했을 때, 혹은 망망대해를 보다 안전하게 항해하는 기술을 배웠을 때, 인류는 자신들이 살고 있는 지구라는 환경의 압도적인 위력과 장엄함에 감사하고 경의를 표했던 것이다. 이러한 인간의 전진은 완만한 속도로 이루어졌다.

인류의 변화속도가 더욱 빨라지자, 인간은 스스로를 보다 강자로 인식함과 동시에 자연에 속박되고 의존하는 것이 점차 줄어들게 되었다. 가장 새로운 가속의 단계는 지금부터 약 200여 년 전에 시작된 산업혁명이었다. 더욱 가속되는 속도는 산업, 과학, 기술 각 분야에 혁명의 바람을 일으켰다. 이러한 물질혁명의 영향으로 인간의 조건과 감정은 전적으로 변화하게 되었다.

현대인은 여기에 만족하지 않고 자기 욕망을 즉석에서 만족시키는 것만을 목적으로 하는 무책임하고 난잡한 행동에 한계가 없는 듯하다. 다른 한편으로는 스스로의 환경을 황폐하게 만들어 가고 있다. 인류는 자신의 지식이나 힘에 의해 너무도 오만하고 자기중심적이 되어 자연과의 교감(com-munion)을 망각해 가고 있는 것이다.

옛날부터 무수한 동식물은 인간의 동료였고 인류의 생존을 뒷받침하여 주었다. 그런데 오늘에 이르러 인류는 그들을 극히 단기간에 무제한으로 참살하고 있다. 또한 다른 생물들과 함께 의존하고 있는 대지나 공기와 물 그 자체를 오염시키고 황폐하게 함으로써 스스로의 환경까지도 악화시켜 왔다. 인류가 필요로 하는 환경이나 자연자원은 자연구조를 희생으로 하여 획득되고 있다는 사실을 생각하려고 하지 않았던 것이다.

사람들은 이제 값비싼 대가를 지불해야 한다는 사실을 겨우

213

인식하기 시작했다. 그것은 지구가 다른 많은 형태의 생명체들의 공헌에 의해 현재의 모습으로 존재하는 것이며 그로 인해 세상이 더욱 아름답고 관대해짐에도 불구하고, 이 지구를 마치 인간들만의 세상인 것처럼 지배하려했던 인간 욕심에 대한 성찰이다.

이제 인류의 미래는 역사상 처음으로 전 지구적 차원의 미래가 될 것이다. 그것은 각각 독립된 국가나 지역이 아니라 인류 전체를 포괄하는 것이 되리라는 사실을 명심하여야 한다.

서로 뒤얽혀 있는 '복합적 세계 문제'의 해결은 인간과 자연의 교감이라는 우주적 관점에서 관찰해야 답이 보일 것이다. 우리는 주역에서 그 답을 찾을 수 있다.

주역은 태극 → 양의 → 사상 → 8괘를 이룬다

태극	한 번 변함 (양의)	두 번 변함 (사상)	세 번 변함 (8 괘)	괘명	상징	의미
태극	음	▰▰ (태음)	▰▰	곤	땅	유순함
			▰▰	간	산	멈춤
		▰▰ (소양)	▰▰	감	물	빠짐
			▰▰	손	바람	들어감
	양	▰▰ (소음)	▰▰	진	천둥	움직임
			▰▰	리	불	우아함
		▰▰ (태양)	▰▰	태	연못	기뻐함
			▰▰	건	하늘	강건함

215

양(陽)은 하늘을 나타내며, 남성의 성기를 상징한다.
음(陰)은 땅을 나타내며, 여성의 성기를 상징한다.
하늘의 기운이 바람을 통하여 아래로 내려가고,
땅의 기운은 천둥을 통하여 위로 올라가므로
바람은 하늘의 성기이고, 천둥은 땅의 성기이다.
성(性)이란 사람의 타고난 본성, 천성을 말한다.
생명이란 무엇인가? 인간이란 무엇인가?

인간과 생물이 생존해 나가기 위해서는 많은 먹이와 물을 공급해 주어야 한다. 또한 추위와 더위를 이겨낼 수 있는 주거지와 땅이 필요하다. 그러나 현실에서는 이러한 자원은 한정 되어있고 생물의 각 개체들은 이러한 자원을 놓고 서로 경쟁을 한다. 이러한 생존경쟁에서 누가 이길지를 결정하는 것은 무엇일까?

조상에게서 자손에게로 생존에 유리한 특성이 전달되는 것이 유전이다. DNA는 우리 몸의 설계도라고 할 수 있다. 우리 몸속에는 30억 개의 DNA가 들어 있다. 생물의 구조, 특성, 기능에 이르기까지 생명체의 모든 정보가 담겨 있는 유전자 암호다. 1962년 제임스 왓슨은 DNA 구조가 이중 나선형 이라는 것을 발견하여 노벨상을 받았다. DNA 복제는 이중 나선이 풀리면서 각 가닥이 복제가 된다.

우리 몸의 유전자 암호는 아데닌(A), 티민(T), 구아닌(G), 시토

신(C) 4가지 염기들의 배열에 따라 여러 가지 정보가 나오게 된다. 유전자 암호는 64가지로 이루어져 있다.

인간은 DNA가 정해놓은 대로만 살아가는가? DNA 속 유전자가 작동하느냐(ON, 陽), 작동하지 않느냐(OFF, 陰)는 우리의 경험과 습관, 주변 환경에 따라 달라진다. 이렇게 형성된 유전자 작동 방식이 자손에게 유전(후성 유전)되기도 한다.

주역의 음양과 사상, 64괘가 자연과 생명 현상을 본받은 것이므로 우리 몸의 유전자 암호 구조와 비교하여 생각해 보면, 놀랍도록 서로 통한다는 것을 알 수 있다.

> 문을 연 것을 건(乾)이라 이르고
> 문을 닫은 것을 곤(坤)이라 하며
> 한번 열고 한번 닫는 것을 변(變)이라 이르고
> 가고 오는데 궁하지 않음을 통(通)이라 한다.
> 나타나는 것을 이에 상(象)이라 이르고
> 형체를 이에 기(器)라 이르고
> 지어 쓰는 것을 법(法)이라 이르고
> 출입에 이롭게 하여 백성이 다 씀을 신(神)이라고 한다.
> 이런 까닭으로 역에 태극(太極)이 있으니
> 이것이 양의(兩儀)를 내고, 양의가 사상(四象)을 내고
> 사상이 8괘(卦)를 내니, 8괘가 길흉(吉凶)을 정하고
> 길흉이 대업(大業)을 생기게 한다.(계사 상전 11장)

217

☯ 음과 양 ☯

한번은 음으로, 한번은 양으로 변하는 것을
도(道)라고 한다

음	양
– –	—
땅	하늘
여성	남성
소극성	적극성
수용적	창조적
어두움	밝음
밤	낮
차가움	따뜻함
유연함	강건함
젖은	마른
겨울	여름
달	태양
네가티브	포지티브

* 음과 양 하나만으로는 만물이 세상에 나지 않는다.
음과 양이 힘께 작용해야만 만물이 세상에 나온다.

주역을 알기 위해서는 태극, 양의, 사상, 8괘의 뜻을 먼저 이해하여야 한다. 만물은 태극의 씨앗을 받아 생명 활동이 있게 되고, 또 생명 활동이 다하면 태극으로 돌아간다. 우주 만물이 태극에서 나와서 태극으로 돌아가므로 태극은 만물의 부모이다.

양의는 두 가지 모습을 뜻한다. 태극이 한번은 양(陽)이 되고, 한번은 음(陰)이 되는 동태성과 양과 음의 두 가지 모습으로 나뉘어 있는 동시적 정태성을 의미한다.

사상은 태극에서 음양으로 한번 변한 후, 음양에서 사상으로 다시 한번 변하여 나온 것이다. 춘하추동 사계절과 하늘의 일월성신(해와 달과 별)이 태극에서 생성된 음양의 기운이 그 강약에 따라 다시 네 가지 기운의 양상으로 세 분화한 것이다.

64괘의 기본이 되는 8괘는 사상이 다시 음양의 작용으로 분화되어 성립된 것이다. 이 8괘가 길흉을 정하고 길흉이 대업을 생기게 한다. 그러므로 사람들은 마땅히 주역의 철학적 이치를 알아서 길함을 취하고 흉함을 피하여 목표하는 사업을 성취하고 행복하고 편안한 삶을 누려야 할 일이다.

#6

한반도의 문제에 대한 답을 찾으려면 세계적 시각으로 접근 하여야 한다. 지구의 문제에 대한 답을 찾으려면 그 시각을 우주적 관점으로 넓혀야 한다. 나의 문제를 해결하려면 우리의 문제를 먼저 해결하여야 한다.

점의 문제는 선의 시각에서 보아야 답이 보이고, 선의 문제는 면의 시각에서 에서 보아야 답이 나온다. 면의 문제는 입체적 시각에서 보면 해결책이 분명해 질 것이다.

1차원 수식은 2차원적 시각으로 풀어나가고, 2차원 배열은 3차원 방정식으로... 점차 한 단계씩 차원을 높여서 풀어나가면, 문제해결의 실마리는 쉽게 풀릴 것 이다.

프랑스의 작가 베르베르가 수수께끼를 내었다. "여섯 개의 성냥개비로 네 개의 정삼각형을 어떻게 만들 것인가?"하는 수수께끼다. 크기가 똑같은 성냥개비 여섯 개를 가지고 네 개의 정삼각형을 만들기 위해서는, 탁자위에 무턱대고 성냥개비를 놓아보는 평면적 생각만으로는 이 문제를 풀 수가 없다. 수수께끼를 푸는 유일한 방법은, 여섯 개의 성냥개비를 세워서 피라미드를 만들면 된다. 이

것은 3중의 구조로 문제를 보는 입체적 시각이며, 3차원의 발견이다.

주역은 하늘(天)과 땅(地), 그리고 사람(人). 3중의 구조가 세상사를 만들어 간다는 3차원 구조의 인문학이며 입체적 관점의 재발견이다. 하늘과 땅, 그리고 사람이 상호작용하여 변화를 만들어가는 세계로 우리의 정신을 활짝 열어나가자는 것이다.

#7

벗어나라! 어떤 체제를 본질적으로 이해하기 위해서는 거기에 집착하여 매달리기보다 거기에서 벗어나야 한다.

수수께끼를 하나 더 풀어보자. 아래와 같이 배열된 9개의 점이 있다. 네 개의 직선으로 9개의 점들을 모두 연결하려고 한다. 단, 9개의 점을 연결하는 동안 연필을 떼지 않아야 한다. 어떻게 하여야 할까?

．　．　．

．　．　．

．　．　．

고정된 관점에 집착하면 이 문제에 대한 해답을 찾을 수 없다. 우리의 생각이 주어진 9개의 점 안에 갇히기 때문이다. 주어진 9개의 점 밖으로 직선이 나가서는 안 된다는 단서는 어디에도 없다. 해답을 찾아보자

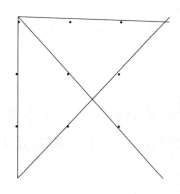

　주어진 9개의 점 밖으로 직선을 연장하면 여러 개의 해답을 얻을 수 있다.
　일상생활에서 문제에 맞닥뜨렸을 때 어떻게 해야 할까? 문제가 안 풀리면 일단 문제에서 벗어나야 한다. 어떻게 문제에서 벗어날 수 있을까?

　먼저, 새로운 경험을 하라. 그리고 걸어라. 목적 없이 걸을 때 영감이 떠오른다. 늘 가지고 다니던 스마트폰도 두고, 지갑도 두고 걸어보라.
　또 여행을 떠나라. 말이 바뀌면 사고가 바뀌고, 행동이 바뀌면 생각이 바뀐다. 보는 풍경이 달라지면 고정관념에서 벗어날 수 있다. 고정된 생각에서 벗어나라!

223

하늘과 땅, 그리고 사람의 세 가지 재료(3재)를 본질로 삼아 변화하는 만물과 세상사, 그리고 복잡하게 움직이고 있는 현상을 설명하는 주역의 이치와 철학적 사고방식으로 세상을 다시 바라보라.

거기서 오늘의 문제에 대한 답을 찾을 수 있을 것이다. 그기에 난세에 살아남아, 이기는 길이 있다.

황하에서 나온
용마의 그림

　　　　지금부터 약 5,000년 전 중국의 황하. 어느 날 한 남자가 강 언덕을 한가로이 오르내리고 있었다. 그 때, 갑자기 하늘에서 벼락이 떨어져 황하를 내리쳤다. 그러자 강물이 용트림하듯 부글부글 끓어올랐다. 잠시 후 신기한 용마 한 마리가 황하에서 물을 박차고 강 언덕으로 뛰어 올라왔다. 자세히 보니 머리는 용이고 몸체는 말의 모습이었다.

　참으로 희귀한 용마를 본 남자는 불현듯 신비로운 용마를 타보고 싶은 충동이 일었다. 안장도 고삐도 없이 신비로운 용마를 타고 바람처럼 내달려 집으로 돌아왔다. 집에 도착하여 용마를 자세히 살펴보니 용마의 등에는 이상하게 생긴 반점들이 찍혀 있었다. 이를 신기하게 여겨 반점에 먹을 바른 다음 널빤지를 대고 찍어 보았다. 용마의 그림에는 심오한 우주

225

의 이치가 새끼로 매듭을 묶은 형태로 찍혀 있었다. 이를 황하에서 나온 그림이라하여 '하도'(河圖)라 칭하였다.

상고시대에는 문자가 없었기 때문에 새끼로 매듭을 지어 숫자를 나타내고, 일의 크고 작음을 나타내어 약속의 증거로 삼았다. 그리고 이를 이용하여 나라를 다스리던 시절이었다.

하도의 연구를 통해서 우주변화의 이치와 하늘과 땅, 인생의 이치, 삶의 철학을 발견하여 그 당시 사람들을 깨우쳐준 사람이 복희씨라고 전해지고 있다. 하도에 나타난 숫자들은 생물처럼 서로 음양의 교감을 하고 있다.

㉠ 하늘의 수, 땅의 수 ㉡

공자가 기술한 계사 상전 9장에 황하에서 나온 용마의 그림, '하도'의 수는 곧 천지의 수임을 밝히고 있다. 하늘의 수가 1·3·5·7·9 다섯(양수)이고, 땅의 수가 2·4·6·8·10 다섯(음수)이다. 다섯 개의 수가 서로 더해져서 각각 합함이 있으니, 하늘의 수가 25이고, 땅의 수가 30이 된다. 따라서 천지의 수는 55이다. 이것으로 변화가 이루어지고 귀신의 조화가 행하여진다.

계사 상전에는 천지의 도는 한번 음하고, 한번 양하는 것일 뿐이라고 설명하고 있다.

수컷인 양수 1은 암컷인 음수 6을, 음수 2는 양수 7을, 양수 3은 음수 8을, 음수 4는 양수 9를, 양수 5는 음수 10을 찾아가고 있다. 1·2·3·4·5의 수는 천지만상의 기본수인 생(生)수가 되고, 6·7·8·9·10의 수는 조화수인 성(成)수가 된다.

복희씨는 이를 이용하여 우주의 기본구조를 선천 8괘로 설명하였다.

즉 건일(乾一)은 하늘(天)이요, 곤팔(坤八)은 땅(地)이다. 그리하여 천지는 정립한다.

당시 천하를 다스리던 복희씨가 우주만물이 변화하는 역의 이치를 깨달아 8괘의 기호를 긋고, 64괘를 지었다. 폭군 주왕에 의해 유리옥에 갇힌 주왕이 기호로 된 64괘의 명칭을 정하고 괘의 풀이를 처음으로 글로 설명하였다. 문왕의 아들, 주공이 각 괘마다 효사를 붙였다. 각 효는 괘의 변화를 모습으로 표현한 것이다. 이를 역경(易経)이라고 한다. 인터넷 서점, 아마존에서는 ICHING(역경)으로 번역되어 베스트셀러로 팔리고 있다.

주역은 상경 30괘, 하경 34괘로 구성되어 있다. 공자는 가죽 끈이 세 번 끊어질 정도로 주역을 보면서 주역에 열 개의 날개를 달았다. 공자는 주역에 열 개의 날개를 달면서 "기술(사실 그대로 정확하게 적음)은 하되 창작은 아니다"라고 직접 설명하였다.

공자가 달아준
열 개의 날개

단 전

주나라 문왕이 64괘의 각 괘마다 아래에 계사를 붙여 '단'(彖)이라 이름 하였다. 단전은 문왕이 쓴 64괘의 괘사를 공자가 해석한 글이다.

상 전

문왕의 아들 주공에 이르러 다시 매 효(爻)의 아래에 계사를 붙여 '상'(象)이라 이름 하였다. 상전은 공자가 64괘의 '상'과 384효의 '상'을 설명한 글이다.

건문언전

64괘의 근본이 되어 첫머리에 나오는 중천건(乾)을 거듭 설명한 글이다. 하늘의 강건한 성정을 나타내는 건(乾)이 거듭하였다는 뜻으로 중천건이라 읽는다.

곤문언전

64괘 중 건괘 다음에 오는 중지곤(坤)을 거듭 설명한 글이다. 땅의 유순한 성정을 나타내는 곤(坤)이 거듭 하였다는 뜻으로 중지곤이라 읽는다.
양을 대표하는 건이 만물을 낳음에, 음을 대표하는 곤(坤)이 만물을 기르니 건괘 다음에 곤괘를 놓는다.

계사상전

공자가 역의 이치에 관하여 본질적인 면(体, 이치)을 설명한 글이다. 계사 상전 12장, 계사 하전 12장으로 나뉘어져 있다.
1년이 12개월로 구성된 이치와 같다.

계 사 하 전

공자가 역의 이치에 관하여 현상적, 표면적으로 운동하는 면(用, 작용)을 설명한 글이다. 계사 상전이 자연의 이치(体)를 해석하고 있다면, 계사 하전은 역경 하편과 같이 인사의 작용(用)에 대하여 설명하고 있다.

설 괘 전

8괘의 성질과 변화 작용에 대하여 해석한 글이다.

서 괘 상 전

주역 64괘 중 첫 번째 괘인 중천건에서 → 30번째 괘인 중화리까지 주역 상경 30괘의 순서를 설명한 글이다.

서 괘 하 전

주역 64괘 중 31번째 괘인 택산함에서 → 주역 마지막 괘인, 64번째 괘 화수미제까지 주역 하경 34괘의 순서를 설명한 글이다.

잡괘전은 천지만물이 서로 뒤섞여 자리 잡고 있는
상태와 그 이유를 설명한 글이다.
서괘전은 주역 상경 첫 번째 괘인 중천건 괘에서
→ 주역 하경 마지막 괘(64괘)인 화수미제까지 천지
만물의 생성변화 순서에 따라 설명한 글이다.
잡괘전은 64괘를 서괘전 순서와 달리 배열하고 그
이유를 설명하고 있다. 이것이 서괘전과 차이가 있는
점이다.(대산주역강해)

기술은 하되
창작은 아니다

        어릴 때 쥘 베른의 <80일간의 세계 일주>를 읽고 언젠가는 세계 일주의 꿈이 실현될 날을 손꼽아 기다려 온 기억이 있을 것이다. 영화로 필리어스 포그가 열기구를 타고 유럽 대륙의 상공을 날아서 알프스를 넘고, 프랑스 남부의 해안을 지나고 나서 스페인에 불시착하는 장면 을 보고 열기구로 세계를 여행하는 상상을 해본 기억이 있을 것이다.

  80일간의 세계 일주 여행으로 그는 무엇을 얻었을까? 내기에서 이기고, 아름다운 아우다 부인을 얻었다. 그녀는 그를 이 세상에서 가장 행복한 남자로 만들어 주었다.

  주역은 '열개의 날개를 가진 새'라고 일컬어진다. 이제 열

235

개의 날개를 가진 새를 타고 주역의 세계로 여행을 떠나보자.

여행은 가이드와 동행과 날씨의 삼박자가 만들어 주는 레시피라고 한다. 그 중에서 무엇보다 중요한 것은 여행의 가이드일 것이다.

우리가 주역의 세계를 여행할 때, 공자와 열 개의 날개를 가진 새가 훌륭한 길잡이 역할을 해줄 것이다. 공자와 열 개의 날개를 가진 새는 우리에게 주역 세계의 감추어진 기기묘묘한 비경으로 안내하고, 그 세계의 비경을 여행자의 눈높이에 맞추어서 쉽게 해설하여 줄 것이다.

주역 상경 30괘(천지자연의 이치, 體)의 좌표

외계 내괘	건	태	리	진	손	감	간	곤
건	1.중천건		14.화천대유		9.풍천소축	5.수천수	26.산천대축	11.지천태
태	10.천택리							19.지택림
리	13.천화동인		30.중화리				22.산화비	
진	25.천뢰무망	17.택뢰수	21.화뢰서합			3.수뢰둔	27.산뢰이	24.산지박
손		28.택풍대과					18.산풍고	
감	6.천수송					29.중수감	4.산수몽	7.지수사
간								15.지산겸
곤	12.천지비			16.뇌지예	20.풍지관	8.지수비	23.산지박	2.중지곤

주역 하경 34괘(인사의 작용, 用)의 좌표

내괘 \ 외계	건	태	리	진	손	감	간	곤
건		43.택천쾌		34.뇌천대장				
태		58.중택태	38.화택규	54.뇌택귀매	61.풍택중부	60.수택절	41.산택손	
리		49.택화혁		55.뇌화풍	37.풍화가인	63.수화기제		36.지화명이
진				51.중뇌진	42.풍뢰익			
손	44.천풍구		50.화풍정	32.뇌풍항	57.중풍손	48.수풍정		46.지풍승
감		47.택수곤	64.화수미제	40.뇌수해	59.풍수황			
간	33.천산돈	31.택산함	56.화산려	62.뇌산소과	53.풍산점	39.수산건	52.중산간	
곤		45.택지취	35.화지진					

10장

오래된 우물은
반드시
고쳐야 한다

오래된 우물은
반드시
고쳐야 한다

        곤궁하고 목마른 자는 구덩이를 파서 우물을 만든다. 우물을 파서 침목으로 우물 벽을 정(井)자로 만들어 쌓고 우물물을 긷는다. 마을은 옮길 수 있어도 우물은 옮길 수 없다. 우물이 오래되어 물이 마르고 진흙이 나오니 사람들에게 버림받고 새도 돌아보지 않는다. 퍼내지 않으면 물은 고여 썩는다. 우물을 치고 고쳐서(革) 뚜껑을 닫지 않고 열어 두면 우물을 찾는 사람들의 발길이 다시 이어진다. 누구라도 물을 퍼서 쓸 수 있도록 베풀면 크게 길(吉)하다.

  오래된 우물은 반드시 고쳐야 한다. 주역 48괘 수풍정(井) 괘 다음에 택화혁(革) 괘가 놓인 이유다. 택화혁(革) 괘는 연못

(兌) 밑에 불(離)이 있는 모습으로 물과 불이 서로 작용을 쉬게 하고 운동을 멈추게 하여, 마치 두 여자가 한 집에 거주하여 서로 그 뜻이 다르고 어긋나는 형상을 혁(革)이라 한다. 개혁은 때가 되어 고쳐야 믿게 된다. 고치지 않으면 사람들이 믿지 않는다.

지금까지 전해오는 고전 중에서 '혁명'을 말한 가장 오래된 책은 주역이다. 주역은 혁명을 하는 데는 때가 중요하다고 말한다.

천지가 바뀌어 사계절이 이어지는 것처럼
탕왕과 무왕이 **혁명**을 해서
하늘에 순종하고
백성들의 믿음을 얻었으니
비로소 혁명의 때가
크게 무르익었다.
혁명을 어찌 쉽게 할 수 있겠는가?

개혁은 때가 되어야 이루어진다. 혁명의 때라고 하더라도 그 때가 무르익고 사람들의 믿음을 얻어야 혁명이 이루어진다. 질긴 황소의 가죽처럼 마음속에 혁명의 뜻을 공고히 지키

242

면서 때를 기다려야 한다. 자신의 힘만을 믿고 성급하게 혁명에 나서면 실패하게 되어 흉할 수밖에 없다.

주역은 고친다는 말을 세 번 들어야 개혁에 대한 사람들의 여론이 충분히 형성되어 믿음이 생기고 혁명이 이루어진다고 말한다. 드디어 혁명의 때가 오면, 혁명 지도자는 때를 기다리던 태도에서 호랑이처럼 변하여 스스로 믿음을 가지고 사람들의 신뢰를 얻어 용맹하게 혁명의 길로 나아가야 한다.

혁명이 완성되는 단계에서는 혁명 주도 세력이 과거의 면목을 일신하고 새로운 사회 건설에 노력하지만, 혁명이 완수된 후에는 혁명 주체 세력이었던 지도자도 수구세력으로 표변하고 사람들은 자기 이익을 지키기에만 몰두한다.

물건을 변혁시켜서 백성들을 먹여 살리는 데는 솥(鼎)만한 것이 없다. 그러므로 주역 50괘는 화풍정(鼎)이다.

급변하는 글로벌 비즈니스 환경에서 변화의 속도가 빨라지고 있다. 비가 새고 무너지기 시작하는 헌집은 고치고 새집을 지어야 한다. 옛날이던 지금이던, 동양이던 서양이던 살아남기 위해서는 변해야 한다. 변화와 혁신의 길은 멀고 험난한 길이다. 미련한 소보다 민첩한 생쥐가 급격한 변화의 그 길을 잘 찾아 갈 것이다.

243

> 성공하는 조직의 변화 노력에는
>
> 일정한 흐름이 있다.
>
> 그 흐름은 일반적으로
>
> 8단계의 변화 프로세서를 거친다.

① 위기감을 고조 시킨다.

사람들이 "자, 가자! 변해야 한다."라고 말하기 시작한다.

② 변화 선도팀을 구성한다.

변화를 주도하기에 충분한 힘을 가진 사람들로 팀을 구성
하여 함께 작업을 시작하도록 한다.

③ 비전을 새로이 정립한다.

변화 선도팀은 변화 노력에 필요한 올바른 비전과 전략을
개발한다.

4 의사소통을 실시한다.

사람들이 변화에 동참하기 시작하며, 이제 그들의 행동으로 나타난다.

5 행동을 위한 권한을 부여 한다

많은 사람들이 비전을 달성하기 위해 행동할 수 있다고 느끼며, 실제로 행동한다.

6 단기간에 성공을 이끌어 낸다.

사람들이 비전을 달성하기 위해 노력하고 변화에 저항하는 사람들이 점차 줄어듦에 따라 추진력이 형성된다.

7 속도를 낮추지 않는다.

비전이 충족될 때까지 지속적인 변화의 물결을 만든다.

8 조직에 변화를 정착시킨다.

전통의 방해와 변화관리 리더의 교체와 같은 일이 생기더라도 새롭게 형성된 행동이 계속된다.

회남에선 귤
회북에선 탱자

남귤북지. 회남에선 귤, 회북에선 탱자. 안자 춘추에 나오는 말이다. 안자춘추는 중국 춘추전국시대 제나라 재상 안영의 이야기다. 회남은 회수의 남쪽, 회북은 회수의 북쪽을 뜻한다.

일란성 쌍둥이는 한 개의 수정란에서 분할되었다. 태생적 유전적 요인이 같아서 유전자가 거의 100% 일치한다. 모습은 두 개의 복제품처럼 똑같다.

사람의 운명은 타고난 것인가? 환경적 요인에 따라 바뀌는 것인가? 세계 각국의 유명 연구기관에서 이 질문에 대한 답을 얻기 위해서 일란성 쌍둥이를 연구하고 있다. 생물학적 유전자 구성에 따라 콩 심은데 콩나고, 팥 심은데 팥 나는 것이 일반적으로 예상되는 결론이다.

그러나 우리 몸에는 후성 유전체가 있다. 후성 유전체란 유전 정보를 쥔 몸통 DNA가 같아도 환경에 영향을 받은 변방의 염기서열 변화로도 유전자가 켜지고(ON), 꺼지고(OFF) 하는 현상을 말한다. 어떤 식습관과 생활습관을 가지느냐, 본인이 어떤 마음을 가지고 어떻게 행동하느냐에 따라 태생적 유전적 DNA 사용방식이 바뀐다는 의미이다.

이는 변해가는 세상에서 자기의 위치와 좌표를 어떻게 설정 하느냐, 자기에게 다가오는 모든 현상에서 어떻게 길한 것을 취하고 흉한 것을 피하느냐에 따라 운명이 바뀐다는 주역의 이치와 일맥상통하고, 주역의 인생관이 현대 과학과 서로 통한다는 것을 의미한다.

제나라 군사력은 초나라 보다 못하였다. 제나라에서는 초나라에 사신을 보내어 친선을 도모하고자 하여, 6척 단구의 안영을 사신으로 보냈다. 이때 초나라 왕은 조카를 죽이고 왕위를 찬탈한 성품을 지닌 초영왕 이었다. 초나라 대신들이 사신 안영을 우스개감으로 만들고자 시비를 걸었으나 설전에 오히려 안영에게 창피만 당하였다.

초영왕은 안영에게 연회를 베푸는 마당에 도둑질한 제나라

죄수를 나오게 하여, 안양에게 제나라 사람들은 본시 도둑질을 잘하는지 물었다. 이에 안영이 답하기를

- 귤나무가 있습니다. 이 나무는 회수 남쪽에서 자라면 귤이라는 열매를 맺습니다. 그러나 회수 북쪽으로 옮겨 심으면 귤이 열리지 않고 탱자가 열립니다. 생김새는 비슷하지만 열매와 맛이 전부 다르지요. 그 이유는 물론 기후와 토질이 다르기 때문입니다. 사람도 마찬가지 입니다. 제나라에 사는 사람들은 일절 도둑질을 모릅니다.

그런데 그 사람이 초나라에 오면 도둑질을 합니다. 초나라 기후와 토질이 그렇기 때문입니다. 그러므로 저 사람이 도둑질을 한 것은 오로지 초나라 풍토 때문이라고 할 수 있습니다.

회남에선 귤, 회북에선 탱자. 남귤북지라는 말이 이때 생겨났다. 안영이 남긴 명언 중 하나다. 단순히 위기를 모면하기 위하여 임기응변으로 던진 말은 아니다. 인간은 환경의 동물이라는 말과 깊은 연관성을 맺고 있다. 안영은 사람과 사회의 관계를 이렇게 설정했던 것이다.

이때 초영왕은 웃음을 터뜨리며 말했다.
◦ 옛말에 성인을 시험하지 말라고 하였더니 오늘 바로 그 뜻을 알았도다.

248

최악의 주거지 조건에 네 가지가 있다.

① 눅눅한 습지 ② 비좁고 ③ 시끄럽고 ④ 먼지가 이는 집을 말한다.

오물이 내려가지 않는 하천가, 그리고 비좁고 시끄러운 시장통에 자리 잡은 안영의 집은 최악의 주거지 조건 네 가지를 다 갖추고 있었다.

안영은 살기 편한 집이란 그 크기에 있는 것이 아니라 이웃이 좋아야 한다고 하였다. 집이 그 사람의 미래를 점치는 것이 아니라 이웃이 그 사람의 미래를 점친다. 오로지 이웃 사람들의 좋고 나쁨에 따라 집의 좋고 나쁨이 정해진다고 하였다.

사람의 운명은 타고난 것인가? 아니면 자신이 만들어 가는 것인가? 이는 닭이 먼저인가? 계란이 먼저인가? 하는 논쟁과 같다. 유전병, 외모, 지능, 성격의 일부분, 재산 상속 등 자신이 선택할 여지가 없이 타고나는 여건이 운명에 관련성이 있는 것은 사실이다. 또 스스로 목표를 세우고 진력함으로써 자신의 운명을 만들어가는 것 또한 부인할 수 없는 사실이다.

문명이 발달한 사회일수록 개인의 행동에 의해 운명을 개척해 나간다. 전통적 관습사회에서는 개인이 선택할 수 있는 여지가 줄어들고 타고난 성향에 의해 결정되는 비중이 높을

249

것이다. 운명 개척의 열정이 높은 사람(high fate control)이 운명 개척의 열정이 낮은 사람(low fate control) 보다 자신의 운명을 능동적으로 끌고 갈 것이다. 자기 주체성을 가지고 길한 것은 취하고 흉한 것은 피하여 스스로 자신의 운명을 책임지는 자세가 운명을 극복해가는 길이다.

모든 것은 변화 한다
쉼 없이 노력하라

북극성에서 빛이 지구까지 오는데 1,000년 이 걸린다. 북극성에서 빛이 500년 만에 지구까지 올 수는 없다. 그것은 연기의 법칙에 어긋나기 때문이다.

부처님이 노쇠해져서 여든 살이 되었다. 열반을 위하여 쿠시나가르로 가시던 도중 바이샬리에 머물게 되었을 때, 아난다에게 말씀하셨다.

- 아난다야, 현재에도 내가 입멸한 후에도 자기 자신을 등불로 삼고 의지처로 하여 다른 것에 의존하지 않고 살아가는 그런 사람만이 진정한 수행자 이며 내 뜻에 맞는 사람이다.

쿠시나가르에 도착한 부처님은 두 그루 사라나무 아래에서 열반에 드실 때 슬퍼하는 아난다에게 말씀하셨다.

251

- 아난다야, 한탄하거나 슬퍼하지 말아라. 일찍부터 가르쳐 주었듯이 사랑하는 사람이나 친한 사람과는 언젠가 헤어지지 않을 수 없다. 태어난 모든 것은 반드시 죽게 마련이다. 죽지 않았으면 하고 바라는 것은 부질없는 생각이다. 아난다야, 내가 입멸한 뒤 가르침을 말할 스승이 이미 없으니 우리들의 스승이 없다고 생각해서는 안된다. 내가 지금까지 말한 법(法)과 계율이 내 입멸 후에는 곧 너희들의 스승이다.

그리고 부처님은 유훈으로 제자들에게 말씀하셨다.
- 너희들에게 작별을 고한다. 모든 것은 변화 한다. 게으르지 말고 부지런히 힘써 정진 하라.

전략이라는 단어 'strategy'는 그리스어 'strategos'에서 유래했다. 삶은 끊임없는 전쟁과 충돌의 연속이다. 모든 것이 변화하는 우주와 만물의 속성에서 순간순간 변화해나가는 상황을 있는 그대로 보아야 한다. 흘러가 버리고 껍데기만 남은 현상을 돌덩이처럼 굳은 실체라고 착각하여 부여잡고 씨름 하는 어리석음을 버려야 승리할 수 있다.

뗏목은 강을 건너기 위하여 필요한 것이다. 강을 건넜으면 뗏목에서 벗어나야 한다. 강을 건너고 들판을 지나 산정에 오르기까지 뗏목을 지고 다닌다면 그것은 어리석은 짓이다.

252

그물은 물고기를 잡기 위하여 필요한 것이다. 물고기를 잡았으면 그물은 거두어야 한다. 잠자는 침대에까지 그물을 펼쳐 둔다면 그것은 사리에 맞지 않는 일이다. 올가미는 토끼를 잡기 위하여 필요한 것이다. 토끼를 잡았으면 올가미는 잊어야 한다. 상황을 있는 그대로 바라보고 자신의 무기에 의존 하는 것이 승리의 길이다. 그리하여 금강경의 마지막은 이렇게 되어 있다.

> 생각과 현상에 이끌리지 말고
> 있는 그대로를 바로 보아라.
> 일체 현상계의 모든 생멸법은
> 꿈이며, 환(幻)이며, 물거품이며,
> 그림자 같고, 이슬 같고, 번개 같으니
> 마땅히 이와 같이 보아라.

급격한 변화와 불확실성의 시대에 두려움은 적을 과대평가하여 지나치게 몸을 움츠릴 수 있고, 분노나 초조함은 선택의 폭을 좁히는 경솔한 행동을 초래하게 된다. 특히, 승리의 결과로 생긴 자만은 도가 지나친 행동으로 이어져 또 다른 전쟁에서 패배하는 원인이 된다는 것이 역사상 모든 전쟁에서 드러난 교훈이다.

그래서 모든 상황을 있는 그대로 바라보는 평상심이 승리의 토대가 되는 것이다. 텅 빈 마음(空). 원인과 상황과 결과를 바르게 바라보는 지혜가 승리하기 위한 전략이며, 이러한 지혜와 전략은 역사 이래 모든 전략가들이 실전의 체험에서 검증된 전략으로 제시하는 것이다. 그 중에서 가장 으뜸가는 병법서가 손무의 <손자병법>과 미야모토 무사시의 <지·수·화·풍·공의 권>이다.

비어있음은 동양 철학의 중요한 개념이기도 하다. 힌두교와 불교에서는 모든 중생들이 미혹한 생각에서 벗어나 지혜를 얻는 상태를 무상(無常)과 무아(無我), 공(空)으로 설명한다.

노자는 "서른 개의 바퀴살이 하나의 바퀴통으로 모이는데, 수레가 쓰임이 있는 것은 그 바퀴통 속이 비어 있기 때문이다"고 무(無)의 쓰임새를 역설하였다.

서른 개의 바퀴살이
바퀴통 하나로 모인다.
그 바퀴통 속이 비어 있으므로
수레로서 쓰임이 있게 된다.

그릇을 만들기 위해서
진흙을 빚는다.
그 그릇이 비어 있으므로
그릇으로서 쓰임이 있게 된다.

방을 만들기 위해서
문을 만들고 창을 낸다.
그 방이 비어 있으므로
방으로서 쓰임이 있게 된다.

있다는 것의 이로움은
비어 있으므로
쓰임이 있기 때문이다.

√ 획일적이고 편협한 시야를 갖지 말라. 상황에 따라 유연하
   게 대처하라.

√ 모든 것이 하나로 돌아가는데, 그 하나는 공(空)이다.

√ 오래된 우물은 반드시 고쳐야 한다.

√ 모든 것은 변화한다. 쉼 없이 노력하라.

   손자병법과 미야모토 무사시의 <지·수·화·풍·공의 권>이
공통적으로 들려주는 이야기이다.

주역 64괘

주역 상경(30괘)

주역 하경(34괘)

중천건(1)**重天乾**

원형이정(元亨利貞)은 역학에서 말하는
천도(天道)의 네 가지 원리를 말한다. 원
(元)은 봄으로 만물의 시초가 되고, 형(亨)
은 여름으로 만물이 자람이며, 이(利)는 가
을로 만물이 이루어짐이다. 정(貞)은 겨울로 만물의 거둠
을 뜻한다.

주역 64괘 가운데 건괘가 가장 앞머리에 놓인다. 하늘
(乾)이 거듭하였다는 뜻으로 <중천건>이라 읽는다.

건은 강건한 하늘의 성정을 나타내며, 천·지·인 삼재를
거느리고 다스리는 주체가 하늘임을 가리킨다. 하늘이 자
시(십이시의 첫째 시, 밤 열한 시부터 오전 한시까지)에 문
을 연후에야, 축시(십이시의 둘째 시, 오전 한 시부터 세시
까지)에 땅이 열리며, 인시(십이시의 셋째 시, 오전 세시에
서 다섯 시까지)에 만물이 일어남을 의미한다.

건은 원형이정의 원리로 대자연의 변화 가운데 가장
으뜸인 춘하추동 사계절의 운행을 나타낸다.

259

도란 한번 변하여 양이 되고,
한번 화하여 음이 되는 것의 이름이다.

음의 기운이 극성하면
양의 기운으로 변하고,
양의 기운이 극성하면
음으로 화하니,

즉, 변(變)이라 함은 나아감이요
화(化)라 하면 이루어짐을 뜻한다.
따라서 변화란 나아가고 이루어짐이
순환반복 됨을 말한다.

중천건괘는 힘찬 기운이 있지만, 너무 자만하면 떨어진다
는 것을 늘 마음에 새겨야 할 때이다.

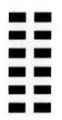

중지곤(2) **重地坤**

　　양을 대표하는 건이 만물을 낳음에, 음을 대표하는 곤(坤)이 만물을 기르니 건괘 다음에 곤괘를 놓는다. 건은 형이상적 도(道)를 나타내며, 곤은 형이하적 기(器)를 나타낸다. 건은 무한과 무형, 봄과 여름을 나타내고, 곤은 유한과 유형, 가을과 겨울 그리고 부드럽고 후덕한 땅의 형상을 나타낸다.

　　씨앗을 하늘에 날려 보낸다고 싹이 트고 열매를 맺는 것은 아니다. 만물은 땅의 품에 안김으로서 싹이 트고 모든 생명활동이 있게 된다. 땅은 만물의 모체인 어머니를 상징한다.

　　여섯 음효로 이루어진 <중지곤>은 땅(坤)이 거듭하여 두텁게 쌓여있는 땅의 표상을 나타내고 있다. 음효는 달이 초승달에서 반달, 그리고 보름달로 차고 불어가고, 보름달에서 반달, 그리고 그믐달로 이지러지고 줄어가는 운행변화를 나타낸다.

261

음이 처음 엉기는 것이 서리이고,
서리를 밟으면 굳은 얼음이 되어
엉김을 풀 수 없게 된다.
선을 쌓은 집에는 반드시 남은 경사가 있고
악을 쌓은 집에는 반드시 남은 재앙이 있다.

신하가 그 임금을 죽이고,
자식이 그 아비를 죽임은
하루아침에 일어나는 일이 아니다.
분별할 것을 일찍 분별하지 못함으로
말미암은 것이니
미리 그 기미와 징조를 잘 살펴서
선으로써 하늘의 명을
순리대로 따라야 할 것이다.

황하에서 나온 용마는 머리는 용이고 몸은 말의 형상이었다. 등에는 하도가 그려져 있었다. 용은 하늘을 상징하고 말은 땅을 상징한다. 암말은 땅의 무리이다. 봄·여름이 가면 가을·겨울이 오듯이, 순리에 따라 음이 뒤를 따르면 열매를 맺어 경사가 있을 것이나, 앞서 가면 갈팡질팡 헤매게 됨을 알아야 할 때이다.

수뢰둔(3) <u>水雷屯</u>

하늘과 땅이 생기고 이후에 만물이 생겨 나니 천지사이에 만물이 가득 차게 되었다. 그러므로 건, 곤 다음으로 둔으로 받았다. 둔은 만물이 생겨나는 초기에는 어려움이 가득차 있음을 뜻한다. 둔은 아래에 천둥(진震)이 있고 위에 물(감坎)이 있는 괘상이다. 수뢰는 괘의 상이며, 둔은 괘의 이름이다.

주역의 모든 괘상은 아래에서 → 위로 나아감을 보여주고 있다. 자신의 과거를 등에 지고 미래를 향해 걸어가는 존재의 현재 좌표를 보여주고 있는 것이다.

강한 천둥의 소리가 들렸으니, 이윽고 비가 내릴 형국이다. 힘들고 어려운 창업의 초기에는 마땅히 경험이 많은 전문가를 내세워 일을 처리함이 이롭다.

이러한 곤란한 때를 넘기기 위해서는 인내로서 쉼 없이 노력해야 할 때이다.

263

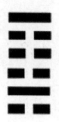

산수몽(4)山水夢

만물이 처음 생겨나면 어리고 사물을 밝게 분별하지 못하여 어리석다. 몽은 아래에 물(감坎)이 있고 위에 산(간艮)이 있는 괘상이다. 산수는 괘의 상이며, 몽은 괘의 이름이다.

산 아래 샘이 솟아나는 것이 몽이니, 어리석은 어린아이에게 과감히 행하고, 덕을 기르도록 가르쳐야함을 뜻한다. 그러므로 어려움이 가득 찬 둔 다음으로 몽으로 받았다.

어린아이와 같은 무심한 상태로 주변 환경의 가르침에 순응해 나가야 할 때이다.

수천수(5) 水天需

　　어린아이는 음식을 먹여서 양육하지 않으면 안된다. 수는 아래에 하늘(건乾)이 있고 위에 물(감坎)이 있는 괘상이다. 수천은 괘의 상이며, 수는 괘의 이름이다.

　비구름이 하늘 위를 뒤덮고 있으나 비를 내리지 못하는 것이 수이니, 비구름이 비가 되어 내릴 때까지 나아가지 말고 때를 기다려야함을 뜻한다. 그러므로 몽 다음으로 수로 받았다.

　수는 음식의 이치를 이르는 것이다. 때가 올 때까지 은인자중하며 기다려야 할 때이다.

천수송(6) **天水訟**

어려운 세상에 어리석고 사리에 어두운 아이들에게 음식이 나오니 서로 다툼이 있게 된다. 송은 아래에 물(감坎)이 있고 위에 하늘(건乾)이 있는 괘상이다. 천수는 괘의 상이며, 송은 괘의 이름이다. 물은 아래로만 내려가고 하늘은 위로만 올라가서 음양이 서로 어긋나 다투는 것이 송이니, 끝까지 싸우면 서로 상처만 입게 된다.

다툼에는 고통이 따른다. 사사로움이 없는 중재자를 힘써 찾아야 한다.

좁은 집착을 버리고 주변과 협조해 나가야 할 때이다.

지수사(7) 地水師

　서로 다툼이 생기면 군사를 모아 무리를 짓기 마련이다. 사는 아래에 물(감坎)이 있고, 위에 땅(곤坤)이 있는 괘상이다. 지수는 괘의 상이며, 사는 괘의 이름이다.

　땅속에 물이 고여 있는 것이 사이니, 군사를 모아서 무리를 이끌고 전쟁을 하려면 먼저 민심이 따르도록 해야함을 뜻한다. 그러므로 송 다음에 사로 받았다.

　전쟁에 임할 때에는 반드시 대의를 밝혀 군사들의 기강을 확립하여야 한다.

　주변 사람들의 마음을 사로잡아야 할 때이다.

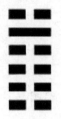

수지비(8) 水地比

무리가 모여서 전쟁을 하려면 반드시 상호간에 커뮤니케이션이 원활하고 서로 협력해야 한다. 비는 아래에 땅(곤坤)이 있고 위에 물(감坎)이 있는 괘상이다. 수지는 괘의 상이며, 비는 괘의 이름이다. 물과 땅이 서로를 도우니 가장 친한 상태다.

위에 있는 물이 사방으로 흘러들어 민심을 얻으니, 나라를 세우고 신하들을 가까이 하여 백성들을 이롭게 함을 뜻한다. 그러므로 사 다음에 비로 받았다.

무리는 반드시 돕는 바가 있으니 주변의 도움을 받아 순조롭게 나아가야 할 때이다.

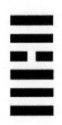

풍천소축(9) 風天小畜

　　비는 돕는 것이니 도우면 반드시 쌓는 바
가 있다. 소축은 아래에 하늘(건乾)이 있고
위에 바람(손巽)이 있는 괘상이다. 풍천은
괘의 상이며, 소축은 괘의 이름이다.
　물건을 하늘 위까지 높이 쌓아 올리려고 하나, 바람이
물건을 흩어지게 하니 작게 쌓아가야 함을 뜻한다. 그러
므로 비 다음에 소축으로 받았다.

　　소축은 하늘 위에 바람이 부는 상으로 구름만 잔뜩 끼
고 비가 오지 않음이니, 외유내강의 형국으로 기다려야
한다.

　　정체된 상황에서 스스로 내면을 보살피고 견뎌나가야
할 때이다.

269

천택리(10) 天沢履

물건이 쌓이다 보면 정돈이 필요하고, 정돈은 위아래를 구분하는 질서와 예를 회복하는 것이다. 리는 아래에 연못(태兌)이 있고 위에 하늘(건乾)이 있는 괘상이다. 천택은 괘의 상이며, 리는 괘의 이름이다.

연못에 하늘이 비치는 것처럼, 자신의 본성을 거울에 비추듯 돌아보고 위아래가 나뉨을 알아 질서와 예를 회복해 나가야 한다. 그러므로 소축 다음에 리로 받았다.

인생은 살얼음판 위를 걷는 것과 같고, 호랑이 꼬리를 밟은 것과 같다.

자신의 처지를 잘 헤아려서 조심하고 또 조심하면서 착실하게 나아가야 할 때이다.

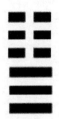

지천태(11)地天泰

　정돈하고 질서와 예를 회복하면 천지가 교류하여 태평한 세상이 된다. 태는 아래에 하늘(건乾)이 있고 위에 땅(곤坤)이 있는 괘상이다. 지천은 괘의 상이며, 태는 괘의 이름이다.

　땅의 기운은 위로 오르고 하늘의 기운은 아래로 내려오니, 천지가 서로 사귀고 교합하여 만물을 생기게 하고 이루게 하니 태평한 세상이 된다. 그러므로 리 다음에 태로 받았다.

　천지가 태평한 연후에는 세상이 평안해 진다. 화합과 안정을 나타내는 크게 길한 형국이다.

　그러나 음의 기운이 극성하면 양의 기운으로 변하고, 양의 기운이 극성하면 음으로 화하는 것이 역의 이치이니 크게 길함은 흉으로 바뀜을 인식해야 할 때이다.

천지비(12) 天地否

태평한 때가 다하면 곤궁한 때가 오고, 나아가다 보면 그칠 때가 있다. 비는 아래에 땅(곤坤)이 있고, 위에 하늘(건乾)이 있는 괘상이다. 천지는 괘의 상이며, 비는 괘의 이름이다. 하늘은 위에 그쳐있고 땅은 아래에 그쳐 있어 천지가 서로 교합하지 못하고 막혀 있는 형상이다. 그러므로 태 다음에 비로 받았다.

위아래가 서로 뜻이 통하지 못하고 상호간에 커뮤니케이션이 원활하지 못하니, 속이 여물지 못하고 막다른 골목에 다다른 형국이다.

막힌 것이 뚫리고 다시 통할 때까지 신중하게 기다려야 할 때이다.

천화동인(13) **天火同人**

막히고 곤궁한 때에는 난세를 극복해 나
가고자 뜻을 같이하는 사람들이 함께 모인
다. 동인은 아래에 불(리離)이 있고 위에
하늘(건乾)이 있는 괘상이다. 천화는 괘의
상이며, 동인은 괘의 이름이다.

불같은 태양이 하늘로 떠오르는 상으로, 천하가 다 함
께 움직이니 어떠한 난관도 헤쳐 나갈 수 있다. 그러므로
비 다음에 동인으로 받았다.

물건은 가히 끝까지 막히지만은 않는다. 착실한 실행력
으로 널리 인재를 구해야 할 때이다.

화천대유(14) 火天大有

뜻을 같이 하는 사람들이 함께 모이니 큰 성과를 가지게 될 것이다. 대유는 아래에 하늘(건乾)이 있고 위에 불(리離)이 있는 괘상이다. 화천은 괘의 상이며, 대유는 괘의 이름이다.

하늘 위에서 불같은 태양이 온 세상을 밝게 비추고 있으니 크게 길하다. 그러므로 동인 다음에 대유로써 받았다.

사람들과 뜻을 함께하는 자에게는 반드시 물건이 모여들기 마련이다.

태양이 중천에 올라온 형국으로 적극적으로 나아가야 할 때이다.

지산겸(15) 地山謙

크게 공적을 쌓으면 자랑하고 남을 앞서 려고 하게 되어, 서로 막히고 다툼이 있게 된다. 자신을 낮추어 겸손하면 만사가 형통하게 될 것이다. 하늘의 이치는 보름달이 이지러져 그믐달이 되듯이, 가득 찬 것은 비우게 하고 겸손한 데는 더하게 한다. 겸은 아래에 산(간艮)이 있고, 위에 땅(곤坤)이 있는 괘상이다. 지산은 괘의 상이며, 겸은 괘의 이름이다.

높은 산이 자신을 낮추어 땅보다 아래에 있으니 겸손한 형상이다. 그러므로 대유 다음에 겸으로 받았다.

크게 소유한 자는 가득 채워만 두어서는 안된다. 자신을 낮추고 남에게 양보하는 겸양이 필요 할 때이다.

275

뇌지예(16) 雷地予

크고 가득 채웠어도 겸손하게 처신하니 자연히 즐거움이 따르게 된다. 스스로의 행동으로 미루어 보면 자신의 앞날을 예측할 수 있는 것이다. 예는 아래에 땅(곤坤)이 있고 위에 천둥(진震)이 있는 괘상이다. 뇌지는 괘의 상이며, 예는 괘의 이름이다. 천둥은 땅속에서 발생하여 위로 올라간다. 그러므로 겸 다음에 예로 받았다.

천둥이 땅에서 나와 위로 떨쳐 올라가니 크게 소리가 나는 것이다.

순리에 따라 오랜 칩거의 시간을 끝내고 문을 열고 밖으로 나가야 할 때이다.

택뢰수(17) 沢雷随

즐거움이 있고 앞일을 예측할 수 있으면 모두가 따라갈 것이다. 동쪽에서 해가 떠서 남쪽을 거쳐 서쪽으로 지듯이, 태양의 운행 질서에 따라서 만물이 피고 진다. 수는 아래에 천둥(진震) 이 있고 위에 연못(태兌)이 있는 괘상이다. 택뢰는 괘의 상이며, 수는 괘의 이름이다.

천둥은 음양이 서로 부딪쳐 소리를 냄을 뜻한다. 아래 에 있는 천둥의 움직임에 따라 위에 있는 연못물이 즐겁 게 일렁거리는 형상이다. 그러므로 예 다음에 수로 받았 다.

눈길을 걸어갈 때 어지럽게 걸어가지 말아라. 오늘 내 가 걸어간 길을 다른 사람이 이정표를 삼아 따르게 될 것이니, 오직 바르게 걸어가라.

낙엽이 떨어지는 가을이 다가오고 있다. 힘을 안으로 비축하여야 할 때이다

277

즐거움만으로 따르는 자에게는 반드시 사건·사고가 있게 마련이다. 고는 아래에 바람(손巽)이 있고 위에 산(간艮)이 있는 괘상이다. 산풍은 괘의 상이며, 고는 괘의 이름이다. 아래에서 바람이 산으로 불어, 낙엽이 떨어지는 형상이다. 그러므로 수 다음에 고로 받았다.

고는 벌레 세 마리가 그릇을 좀먹는 형상을 본뜬 글자이다. 벌레는 사건·사고를 의미하며, 달과 같이 차고 이지러짐이 있음을 뜻한다. 혼란의 시기를 맞이하여 화근의 뿌리를 자르고 살아날 길을 찾아야 한다.

지금이 비록 무너지고 어지러운 난세라 하더라도 그것이 곧 치세의 시작임을 알아야 할 때이나.

지택림(19) **地沢臨**

사건·사고와 같은 일이 있은 다음에는 그 일이 점차적으로 자라나서 커져 간다. 임은 아래에 연못(태兌)이 있고 위에 땅(곤坤)이 있는 괘상이다. 지택은 괘의 상이며, 임은 괘의 이름이다.

연못물은 땅을 윤택하게 하고 땅은 물기를 한없이 받아들인다. 아래의 연못물이 위의 땅에까지 차올라 와서 만물을 기르는 형상이다. 그러므로 고 다음에 임으로 받았다.

기운이 점점 왕성해지는 형국이다. 멈출 줄을 알아야 할 때이다.

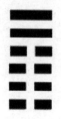

풍지관(20) **風地観**

　　　물건이 점점 자라서 커지게 되면 높은 언
덕에 올라 사방을 두루 살피는 것처럼 잘
볼 수 있게 된다. 관은 아래에 땅(곤坤)이
있고 위에 바람(손巽)이 있는 괘상이다.
풍지는 괘의 상이며, 관은 괘의 이름이다.

　　관은 새가 하늘에 높이 날아가며 아래의 먹이를 찾는
형상을 본뜬 글자이다. 그러므로 임 다음에 관으로 받았
다. 땅위에 바람이 불어 만물이 바람을 따라 크게　약동
하는 형상이다.

　　지도자는 조직이 가야할 방향을 잘 살펴서 조직 구성
원들에게 비전을 제시하고, 살아가야 할 길을 가르쳐 주
어야 한다.

　　폭풍이 불어오는 형국이므로 냉정하게 사태를 지켜 보
아야 할 때이다.

화뢰서합(21) **火雷噬嗑**

물건이 커져서 잘 볼 수 있게 된 뒤에는, 잘 살피고 씹어서 서로 융합하고 합쳐야 한다. 서합은 아래에 천둥(진震)이 있고 위에 불(리離)이 있는 괘상이다. 화뢰는 괘의 상이며, 서합은 괘의 이름이다.

아래의 천둥과 위의 번개가 서로 꼭 들어맞게 만나서 천둥이 큰 소리를 내고, 번개가 이에 부합하여 밝게 빛나는 형상이다. 그러므로 관 다음에 서합으로 받았다.

턱 가운데 있는 음식물을 잘 씹어서 합치는 것이 서합이다. 천둥번개가 꼭 들어맞게 합치듯이 실체가 서로 부합됨을 알아 그 뜻을 잘 씹어 소화해야 한다.

강력한 장애물을 만나면 온 힘을 다하여 돌파해 나가야 할 때이다.

산화비(22) 山火賁

물건이 합하여 성장하다 보면 마침내 열매가 많이 열리게 된다. 비는 아래에 불(리離)이 있고 위에 산(간幹)이 있는 괘상이다. 산화는 괘의 상이며, 비는 괘의 이름이다. 산 아래 있는 불이 산 전체를 밝혀 주는 형상이다.

성장하게 되면 마침내 아름다운 결실을 맺게 되고, 합치다보면 서로를 꾸미게 된다. 그러므로 서합 다음에 비로 받았다.

비는 씨가 여물어 많은 열매가 매달린 형상을 본뜬 글자이다. 저녁노을과 같은 아름다운 광경을 볼 수 있지만, 꾸민다는 것은 실체는 그대로인데 겉만 좋게 장식한다는 것을 의미한다.

내면의 충실함을 도모해 나가야 할 때이다.

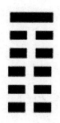

산지박(23) 山地剝

열매가 많이 달려서 익으면 중력의 법칙에 따라 땅으로 떨어지기 마련이다. 박은 아래에 땅(곤坤)이 있고 위에 산(간艮)이 있는 괘상이다. 산지는 괘의 상이며, 박은 괘의 이름이다.

산이 깎여서 아래로 무너져 내리며, 아래의 음이 자라서 상구(上九)를 깎아내리는 상이다. 그러므로 비 다음에 박으로 받았다.

괘를 그렸을 때의 획 하나를 효(爻)라고 한다. 처음 효를 초(初)라하고, 맨 위 효를 상이라 한다. 효는 아래에서 → 위로 초, 이, 삼, 사, 오, 상으로 읽고, 음효는 육(六)으로, 양효는 구(九)로 읽는다. 산지박의 맨 위(上位) 효는 상구다.

꾸미고 치장하여 형통하게 된 후에는 마침내 깎이고 떨어지게 된다. 쇠퇴하고 있는 형국이다. 기회가 올 때까지 기다려야 할 때이다.

283

지뢰복(24) 地雷復

　　종자가 땅에 떨어져서 썩으면 다시 싹이
움터서 올라온다. 복은 아래에 천둥(진震)
이 있고 위에 땅(곤坤)이 있는 괘 상이다.
지뢰는 괘의 상이며, 복은 괘의 이름이다.
깊은 땅속에서 천둥이 서서히 진동해 나오는 상이다.

　　복은 춥고 음기가 가장 극성한 동지에 해가 깊은 땅속
에서 서서히 움터 나오는 형상을 가진 글자이다. 그러므
로 박 다음에 복으로 받았다.

　　박은 깎는 것이다. 물건을 다 깎아 궁하여 지더라도 마
침내 다하여 없어지지는 않고, 잃었던 본성을 되찾아 다
시 돌아온다.

　　봄이 돌아왔다고 급히 나가면 추위를 느끼게 된다. 언
행을 신중히 하고 은인자중해야 할 때이다.

천뢰무망(25) 天雷无妄

땅에서 싹이 움터 오듯이 만물이 본성을
회복하면 정도에서 벗어남이 없게 된다.
무망은 아래에 천둥(진震)이 있고 위에 하
늘(건乾)이 있는 괘상이다. 천뢰 괘의 상이
며, 무망은 괘의 이름이다.

하늘 아래 뇌성벽력이 일어나니, 하늘을 우러러 삼가고
성찰하여 하늘의 도에 따름을 뜻한다. 그러므로 복 다음
에 무망으로 받았다.

뜻하지 않은 사태가 일어날 형국이다. 공평하고 아무
탈이 없는 듯한 텅 빈 마음을 가지고 자중해야 할 때이
다.

산천대축(26)**山天大畜**

하늘의 도를 따라서 망령됨이 없어지면,
참다운 마음으로 견고하고 크게 쌓을 수
있다. 대축은 아래에 하늘(건乾)이 있고 위
에 산(간幹)이 있는 괘상이다. 산천은 괘의
상이며, 대축은 괘의 이름이다.

소축은 바람이 물건을 흩어지게 하여 작게 쌓아가는
형상이나, 대축은 강건한 하늘 위에 움직임 없는 산이 있
어 흔들리지 않고 크게 쌓는 형상이다. 그러므로 무망 다
음에 대축으로 받았다.

충분히 축적된 힘으로 두려움 없이 앞으로 나아가야
할 때이다.

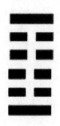

산뢰이(27) **山雷頤**

　　물건을 크게 쌓은 뒤에는 능히 베풀어 기를 수 있다. 이는 아래에 천둥(진震)이 있고 위에 산(간艮)이 있는 괘상이다. 산뢰는 괘의 상이며, 이는 괘의 이름이다.

　　이는 위의 턱은 산처럼 그쳐있고, 아래턱은 뇌성벽력처럼 움직여서 물건을 씹어서 몸과 마음을 기르는 형상이다. 그러므로 대축 다음에 기를 이로 받았다.

　　천지가 서로 사귀어 만물을 기르는 것을 보고, 지도자자는 사람을 기르고 조직 구성원들을 먹여 살린다.

　　입은 음식이 들어오는 길이며, 동시에 말이 나가는 길이기도 하다. 그러므로 입은 몸을 치는 도끼라고 한다. 입과 턱을 단단히 지켜야 할 때이다.

287

주역 상경(30괘)

택풍대과(28) 沢風大過

기르지 않으면 움직여 건널 수가 없다.

대과는 아래에 바람(손巽)이 있고 위에 연못(태兌)이 있는 괘상이다. 택풍은 괘의 상이며, 대과는 괘의 이름이다. 대과는 가운데의 네 양을 위아래의 두 음이 당하지 못하여 기둥이 흔들리고 엎어지는 형상이다. 그러므로 이 다음에 대과로 받았다.

대과는 크게 지나감을 뜻한다. 해가 중천에 떠서 오전과 오후가 뒤바뀌는 형국이다.

물질혁명과, 뿌리가 없는 정보 대홍수에 흔들리며 떠내려가는 현시대상이 비춰지는 괘상이다. 정신혁명으로 바르게 세워 나가야 한다.

무거운 임무가 주어졌지만 힘이 따르지 못하는 형국이다. 신중하게 처신해야 할 때이다.

중수감(29) **重水坎**

분수를 모르고 지나치게 건너게 되면 홍수가 나서 웅덩이가 움푹하게 파이는 것처럼 험한데 빠지게 된다. 감은 아래에도 물(감坎)이 있고 위에도 물(감坎)이 있는 괘상이다. 중수는 괘의 상이며, 감은 괘의 이름이다.

물이 거듭 흐르는 모습으로, 험한 일이 거듭하여 다가올 형국이다. 그러므로 대과 다음에 감으로 받았다. 중수(重水)는 끊임없이 배우고 익히는 것을 뜻한다.

새가 나는 것을 배우고 때로 익혀서 하늘을 날듯이, 물이 쉬지 않고 흐르는 것처럼 쉼 없이 노력하면 이루는 바가 있을 것이다.

위기에 빠져서 헤어나지 못하는 형국이다. 참고 견뎌내야 할 때이다.

중화리(30) **重火離**

강한 물줄기가 흘러서 험한 웅덩이에 빠지게 되면 마침내 걸리는 바가 있게 마련이다. 리는 아래에도 불(리離)이 있고, 위에도 불(리離)이 있는 괘상이다. 중화는 괘의 상이며, 리는 괘의 이름이다. 리는 새와 짐승들이 그물에 걸려있는 형상을 가진 글자이다. 그러므로 감 다음에 리로 받았다.

리는 해와 달이 하늘에 걸려있어 밤낮으로 이어서 천지를 밝히듯이, 암소처럼 순한 품성으로 내면의 덕을 길러야할 형상이다.

주역 상경은 중천건·중지곤으로 시작하여 중수감·중화리로 끝을 맺는다.

중화리는 주역 상경 30번째 괘로 한 달이 30일을 기본주기로 마치므로 리괘를 마지막으로 둔 것이다. 빛나는 태양같이 정열적인 형국이다. 지나치지 않게 주의해야 할 때이다.

290

택산함(31) 沢山咸

주역 하경 34괘는 천·지·인 삼재 중 하나 인 사람이 살아가는 이치를 중심으로 하므 로 서로 사귀고 짝짓는 함(咸, 모든 음양의 기운이 서로 느끼는 것)과 항(恒, 오래 가는 것)을 으뜸가는 괘로 삼았다.

주역 상경 30괘는, 주역 하경 34괘의 뼈대가 되고 근 본이치가 된다. 주역 하경 34괘는, 주역 상경 30괘의 작 용과 근본이치가 담기는 그릇이 된다.

천지가 있고 난 후에 만물이 있고, 만물이 있고 난 후 에 남녀가 있고, 남녀가 있고 난 후에 부부가 있고, 부부 가 있고 난 후에 부자가 있고, 부자가 있고 난 후에 군신 이 있고, 군신이 있고 난 후에 상하가 있고, 상하가 있고 난 후에 예절을 갖추게 되었다.

주역 하경 34괘 중 첫 번째 괘는 택산함이다. 택산은 괘상이며, 함은 괘의 이름이다. 함은 아래에 산(간艮)이 있고, 위에 연못(태兌)이 있는 괘상이다. 함은 땅의 음기

291

는 연못을 통하여 하늘로 올라가고, 하늘의 양기는 중후한 산에서 움직임을 그쳐 땅으로 내려가니 음양의 기운이 서로 통하여 느끼는 형상을 가진 글자이다.

배산임수(背山臨水)의 길지(吉地)를 찾거나, 연못에 산이 비침을 노래하는 것은 모두가 음양의 기운이 서로 통하여 하나가 되어 느끼기를 바라는 마음이다. 젊은 남녀가 서로를 애무하고 교합하여 정을 느끼는 이미지를 상상해 보라.

만물이 있고 난 후에 남녀가 있고, 남녀가 있고 난 후에 부부가 있다. 그리하면 새로운 역사, 새로운 달이 시작되니 31괘는 택산함이다. 그러므로 주역 상경 마지막 괘인 리 다음에 함으로 받았다.

그리하면 오래 갈 것이니, 32괘는 자연스레 항(恒)으로 받는다. 주역 하경은 택산함·뇌풍항으로 시작하여 수화기제·화수미제로 끝을 맺는다.

젊은 남녀가 느낌으로서 서로의 정을 알 수 있지만, 지나치게 감정에 몰입하면 흉한 일이 다가오게 되니 주의해야 할 때이다.

뇌풍항(32) 雷風恒

젊은 남녀가 서로 사귀어 정을 통하고
느끼게 되면 혼인의 예를 갖추어 부부가
된다. 부부의 도는 가정이 오래도록 이어
지게 한다. 항은 아래에 바람(손巽)이 있고
위에 천둥(진震)이 있는 괘상이다. 뇌풍은 괘의 상이며,
항은 괘의 이름이다.

하늘의 기운이 바람을 통하여 아래로 내려가고 땅의
기운은 천둥을 통하여 위로 올라가므로 오래도록 만물을
생성시키고 키운다. 또한 바람은 안으로 들어오고 천둥은
움직이되, 밖으로 향한다. 그러므로 함 다음에 항으로 받
았다.

불변하는 태양과
차고 기우는 달이 서로 만나
밝은 낮과 어두운 밤을 서로 교직하여
하루를 이루고
한 달, 한 해, 한평생을
완성시키는 일

293

이것이 부부가 되는 일이다.
마치 해와 달이
낮과 밤을 벗 삼아
천지간(天地間)을
영원히 여행하는 것처럼

부부여,
영원한 사랑의 여행을 떠나라.

안정된 생활을 의미하나 초심으로 돌아가야 할 때이다.

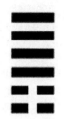

천산돈(33) **天山遯**

항은 오래가는 것이다. 부부의 도가 오래

가는 것이지만, 생겨난 모든 것은 언젠가는

사라진다. 모든 물건이 영구히 그 자리에만

머물러 있을 수만은 없다. 이때가 되면 모

름지기 자신을 드러내지 말고 피하고 숨어야 한다. 돈은

아래에 산(간艮)이 있고 위에 하늘(건乾)이 있는 괘상이다.

천산은 괘의 상이며, 돈은 괘의 이름이다.

돈은 하늘 아래 산이 있는 형상으로, 땅 보다 높은 것

이 산이지만, 산의 높이에는 한계가 있는 것이다. 아래의

두 음이 점차 위의 네 양을 치는 형상이니, 피해야 할 때

는 마땅히 물러나 피할 줄 알아야 한다. 그러므로 항 다

음에 스스로 물러나 숨는 돈으로 받았다.

친구에게 배신당하고 무릎 뼈를 도려내는 빈형을 당하

여 세상에 쓸모없는 앉은뱅이가 되었지만 돼지우리 속에

서 미치광이처럼 행동하면서 살아남은 손빈처럼, 자신을

드러내지 않고 숨을 줄 알아야 한다. 은둔의 시절이니 자

세를 낮추고 기다려야 할 때이다.

뇌천대장(34) 雷天大壯

돈은 스스로 물러나 숨는 것이다. 스스로 피하여 숨더라도, 끝까지 숨어있을 수만은 없다. 물러나 때를 기다리면 다시 앞으로 나아가야 할 때가 온다. 대장은 아래에 하늘(건乾)이 있고 위에 천둥(진震)이 있는 괘상이다. 뇌천은 괘의 상이며, 대장은 괘의 이름이다.

하늘 위에서 천둥이 울려 퍼지는 형상으로 점차 움직여 나아감을 뜻한다. 아래의 네 양이 점차 위의 두 음을 밀고 차올라가는 형상이니, 나아가야 할 때는 마땅히 나아갈 줄 알아야 한다. 그러므로 돈 다음에 대장으로 받았다.

양의 기운이 차올랐으니 앞으로 맹렬히 뛰쳐 나아가야 할 때이다.

화지진(35) 火地晉

　　물건이 점차 움직여 크게 나아가게 되면,
땅위로 해가 떠올라 만물을 비추듯이 환하
게 비추게 된다. 진은 아래에 땅(곤坤)이
　　있고 위에 불(리離)이 있는 괘상이다. 화지
는 괘의 상이며, 진은 괘의 이름이다.

　　진은 해가 땅위로 떠올라 밖으로 나아가며, 환하게 비
추는 형상을 가진 글자이다. 그러므로 대장 다음에 진으
로 받았다.

　　태양이 떠오르기 시작하여 순조로운 형상이나, 밖으로
나아가기만 하면 반드시 어려운 처지에 빠지게 되니, 천
천히 나아가야 할 때이다.

297

지화명이(36) **地火明夷**

진은 앞으로 나아가는 것이다. 앞으로 나아가다 보면 반드시 어려운 처지에 빠지고 상처받을 때가 온다. 명이는 아래에 불(리離)이 있고 위에 땅(곤坤)이 있는 괘상이다. 지화는 괘의 상이며, 명이는 괘의 이름이다.

명이는 해가 져서 땅속으로 들어간 형상으로 밝은 해가 어둠에 가려진 형상이다. 그러므로 진 다음에 명이로 받았다.

어둠이 지배한 형국이다. 몸을 숨기고 자중해야 할 때이다.

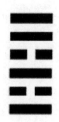

풍화가인(37) 風火家人

명이는 상한 것이다. 밖에서 상처를 받은 자는 반드시 집으로 돌아와 휴식을 취하기 마련이다. 가인은 아래에 불(리離)이 있고 위에 바람(손巽)이 있는 괘상이다. 풍화는 괘의 상이며, 가인은 괘의 이름이다.

가인은 불이 바람을 타고 활활 타오르는 형상이며 아래의 불은 타오르고 위의 바람은 아래로 내려오니 서로 만나서 합치는 뜻이 있다. 그러므로 명이 다음에 가인으로 받았다.

가인은 집안을 바르게 하는 것이다. 수신 제가 치국 평천하이니, 집안을 바르게 하려면 먼저 일의 시작과 끝을 잘 알아서 자신의 몸과 마음을 바르게 행하여야 할 것이다.

불이 강렬하게 타오르면 바람이 생겨나고 그 바람이 만물에 불의 기운이 들어가게 한다. 가정을 화목하게 이끄는 현모양처의 형국이다. 지나치면 안 될 때이다.

299

화택규(38) 火沢睽

집안을 바르게 하려고 힘쓰지만, 지나치면 궁색하게 되고 반드시 어긋나게 된다.

규는 아래에 연못(태兑)이 있고 위에 불(리離)이 있는 괘상이다. 화택은 괘의 상이며, 규는 괘의 이름이다. 위의 불은 타오르고, 연못은 아래로 고여 있어 서로 어긋나는 상이다.

규는 눈으로 헤아린 것이 실제로 잰 것과 달라서 어긋나는 형상을 가진 글자이다. 그러므로 가인 다음에 규로 받았다.

남자와 여자가 서로 다르지만 서로 만나 통하고자 하는 뜻은 같고, 만물이 성질이 다르고 생김새가 다르지만 결국 천지로부터 생겨났으며 내재하고 있는 음양의 기운은 같다. 겉은 달라 보이더라도 내재하고 있는 본성은 서로 통한다는 이치를 알려주는 것이 규이다.

음의 기운과 음의 기운이 서로 다투는 형국이다. 참을성 있게 대처해야 할 때이다.

수산건(39) 水山蹇

규는 어긋나는 것이다. 서로 어긋나면 어려움이 발생하여 앞으로 나아가지 못하게 된다. 건은 아래에 산(간艮)이 있고 위에 물(감坎)이 있는 괘상이다. 수산은 괘의 상이며, 건은 괘의 이름이다.

건은 추운 겨울에 발이 얼어붙어 나아가지 못하는 형상을 나타내는 글자이다. 건은 산위에서 비를 만난 처지를 뜻한다. 위의 물이 아래로 흐르고자 하여도 아래의 산이 그치게 하는 형상이다. 이러한 처지에서 앞으로 나아간다면 큰 어려움에 처하게 된다. 그러므로 규 다음에 건으로 받았다.

사방이 막히고 고립되어 움직일 수 없는 형국이다. 스스로를 반성하고 근신하면서, 인내하고 견뎌나가야 할 때이다.

301

뇌수해(40) 雷水解

건은 어려운 것이다. 어렵고 험한 과정을 지내고 나면 마침내 풀리는 때가 올 것이다. 해는 아래에 물(감坎)이 있고 위에 천둥(진震)이 있는 괘상이다.

뇌수는 괘의 상이며, 해는 괘의 이름이다. 해는 천둥이 물 밖으로 움직여 나가는 형상이니 만물이 이 기운을 받아서 터지고 풀어진다. 풀릴 때가 되면 소뿔을 빼듯이 과감하게 단숨에 해결해야 한다. 그러므로 건 다음에 해로 받았다.

눈이 녹을 형국이다. 새로운 기회를 찾아가야 할 때이다.

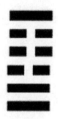

산택손(41) 山沢損

해는 느긋해지는 것이다. 느긋하게 풀어
지고 열리게 되면 반드시 잃는 바가 있게
된다. 손은 아래에 연못(태兌)이 있고 위에
산(간幹)이 있는 괘상이다. 산택은 괘의 상
이며, 손은 괘의 이름이다.

손은 내 것을 덜어 내어 남에게 보태 주는 것이다. 잉
태한 생명을 열 달을 지나 해산하여, 자궁 밖으로 내보내
는 형상이다. 그러므로 해 다음에 손으로 받았다.

덜어 내다보면 다시 회복하게 된다. 덜고자 하는 자는
더하게 되고, 더하고자 하는 자는 잃는 것이 세상의 이치
다. 손해와 이익은 자신의 마음에 있는 것이다. 천지와
남녀, 변화와 생성은 음과 양이 서로 통하여 일어나는 것
으로 손해와 이익도 음양이 교감하듯이 서로 통하게 됨을
알아야 할 것이다.

손해를 봄으로써 득이 되는 이치를 알아야 할 때이다.

303

 풍뢰익(42)**風雷益**

손해를 마다하지 않으면 반드시 이익 되는 바가 있게 된다. 밖으로 덜어내다 보면 안으로 차게 된다. 익은 아래에 천둥(진震)이 있고 위에 바람(손巽)이 있는 괘상이다. 풍뢰는 괘의 상이며, 익은 괘의 이름이다.

익은 아래의 천둥은 위로 오르고, 위의 바람은 아래로 내려가 서로 부딪침으로써 만물을 움직여 득이 있게 하는 형상이다.

남녀가 부부로 합쳐서 아이를 낳게 되면 자손이 늘어나게 된다. 농업혁명이 막 시작되고, 농경사회로 정착 생활을 영위해 가던 문명사적 관점에서 바라보고, 또한 주역이 완성되어 가던 당시의 시대상에서 비추어 보면, 자손과 재물이 번성하게 되는 것 보다 더 큰 이익은 없었을 것이다. 그러므로 손 다음에 익으로 받았다.

사람들을 보살펴서 인심을 얻고 일을 벌여나가야 할 때이다.

택천쾌(43) 沢天夬

자신의 이익만을 추구해 가면 반드시 남들에 의해 배척당하게 된다. 쾌는 아래에 하늘(건乾)이 있고 위에 연못(태兌)이 있는 괘상이다. 택천은 괘의 상이며, 쾌는 괘의 이름이다.

쾌는 아래의 다섯 양이 위의 일 음을 마지막으로 떨어뜨리는 상이다. 연못이 하늘 위로 올라가서 흔들리고, 아래로 물이 새는 형상이다. 그러므로 익 다음에 쾌로 받았다.

소인이 권세를 얻어 자기만의 이익을 추구하다가 결국 벼랑 끝까지 몰리게 된다. 권세와 힘이 있더라도 자기 수양의 덕으로 처신해야지 힘으로 다스리면 안된다.

부담감이 머리를 짓누르고 있다. 용기 있게 극복해 나가야 할 때이다.

천풍구(44) 天風姤

괘는 단정을 내리는 것이다. 만물은 결정
적인 단정이 내려져도 반드시 다시 생겨나
서 만나게 된다. 구는 아래에 바람(손巽)이
있고 위에 하늘(건乾)이 있는 괘상이다.
천풍은 괘의 상이며, 구는 괘의 이름이다.

구는 하늘로부터 바람이 불어와서 만물에 두루 퍼지고
파고드는 상이다. 맨 아래 처음 생긴 일 음이 위의 다섯
양을 뒤쫓아 가고 있는 형상을 나타내고 있다. 그러므로
쾌 다음에 구로 받았다.

음이 점차 자라나게 되면 양이 사라지게 된다. 음의 기
운이 단단하게 찬 형국이다. 자신을 굽히고 부드럽게 순
응해야 할 때이다.

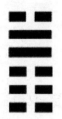

택지취(45) 沢地萃

　구는 만나는 것이다. 서로 만나면 저절로
모이게 된다. 실개천이 만나면 강물이 되
고, 강물이 흘러가면 저절로 바다를 이룬
다. 취는 아래에 땅(곤坤)이 있고 위에 연
못(태兌)이 있는 괘상이다. 택지는 괘의 상이며, 취는 괘
의 이름이다.

　취는 땅위에 물이 고여 연못을 이룬 상으로 여러 갈래
의 물줄기가 한군데로 모여 저절로 합쳐진 형상이다. 그
러므로 구 다음에 취로 받았다.

　물이 많이 모이면 넘쳐서 물이 샐 염려가 있으니 반드
시 제방을 쌓아서 다가올 우환을 대비하여야 할 것이다.
사막에서 오아시스를 만난 형국이다.

　매사를 감사하는 마음으로 대해야 할 때이다.

지풍승(46) <u>地風升</u>

취는 모이는 것이다. 물건이 저절로 모이 다 보면, 땅속에서 새싹이 돋아나와 큰 나 무로 자라듯이 올라가게 된다. 승은 아래에 바람(손巽)이 있고 위에 하늘(건乾)이 있는 는 괘상이다. 지풍은 괘의 상이며, 승은 괘의 이름이다.

승은 만물이 땅속에서 싹이 터서 크고 자라나는 형상 이다. 그러므로 취 다음에 승으로 받았다.

뻗어 나가는 어린 나무의 형국이다. 순조롭게 성장 하 도록 잘 보살펴야 할 때이다.

택수곤(47) 沢水困

올라가는 것을 승이라 한다. 계속하여 오르기만 하다보면 연못물이 말라붙은 것처럼 곤궁하여 어려움에 처하게 된다. 곤은 아래에 물(감坎)이 있고 위에 연못(태兌)이 있는 괘상이다. 택수는 괘의 상이며, 곤은 괘의 이름이다.

곤은 연못물이 말라붙어 곤궁한 상이다. 그러므로 승 다음에 곤으로 받았다. 물이 연못에 있는 것은 있어야 할 곳에 있는 것이다. 그러나 물이 연못에서 빠져나오면 시련을 겪고, 곤란함을 당하게 된다.

그러나 물은 낮은 곳으로 흘러서 그 길을 간다. 와신상담해야 할 때이다.

水風井

　　곤은 연못물이 말라붙은 것처럼 곤궁한
상이다. 만물이 곤궁해지면 반드시 초목의
뿌리와 같은 본바탕을 찾아 돌아오게 된
다. 정은 아래에 바람(손巽)이 있고 위에
물(감坎)이 있는 괘상이다. 수풍은 괘의 상이며, 정은 괘
의 이름이다.

　　곤즉통(困則通), 목마른 사람이 샘물을 파서 물을 얻듯
이, 어려움을 겪는 가운데 오히려 형통함을 얻는 법이다.
그러므로 곤 다음에 정으로 받았다.

　　정은 물이 고이도록 땅을 파고 우물에 침목을 깔아 맑
은 물을 퍼올리는 형상이다. 조용한 가운데 풍성한 생명
력이 깃들어 있다. 마을은 옮길 수 있으나 우물은 옮길
수가 없다.

　　만인이 우물물을 먹을 수 있도록 열린 자세를 가져야
할 때이다.

택화혁(49)**沢火革**

　오래된 우물은 반드시 고쳐야 한다. 혁은
아래에 불(리離)이 있고 위에 연못(태兌)이
있는 괘상이다. 택화는 괘의 상이며, 혁은
괘의 이름이다. 그러므로 정 다음에 혁으
로 받았다.

　혁 괘는 "제 10장" 참조

화풍정(50) **火風鼎**

정은 나무의 바람구멍에 불을 지펴서 음식을 삶고 익히는 솥의 형상이다. 정은 아래에 바람(손巽)이 있고 위에 불(리離)이 있는 괘상이다. 화풍은 괘의 상이며, 정은 괘의 이름이다.

오래된 우물을 고치고, 혁명을 한 다음에는 음식을 솥에 삶고 익혀서 조상께 올리고, 정통성을 확보해야 한다. 백성들을 먹이며, 새로운 시대에 맞는 물건을 만들고, 생산성을 높여서 사회의 일체감을 이끌어 내야 한다.

고대 중국에서 솥은 나라를 통치하는 왕권의 상징이었다. 그러므로 혁 다음에 정으로 받았다. 솥이 바르게 놓이지 않으면 솥이 엎어져서 솥 안의 음식물들이 쏟아질 것이고, 불이 제대로 지펴지지 않으면 밥이 설익이 제대로 먹을 수 없을 것이다.

정통성과 권위를 확보해야 할 형국이다. 서로 순조롭게 협조해야 할 때이다.

중뢰진(51)**重雷震**

　고대 중국에서 솥은 나라를 통치하는 왕
권의 상징이었다. 왕권의 상징인 솥을 주
관하여 나라를 계승하고, 천둥이 거듭 울리
듯이 만방에 떨쳐 나가는 형상이다.
진은 아래도 천둥(진震)이 있고 위에도 천둥(진震)이 있는
괘상이다. 중뢰는 괘의 상이며, 진은 괘의 이름이다. 그러
므로 정 다음에 진으로 받았다.

　예로부터 하늘에서 천둥이 거듭하여 울리면, 하늘을 두
려워 하여 자신을 돌아보고 반성하면서 조심스럽게 행동
하였다.

　천둥번개가 거듭하여 칠 형국이다. 침착하게 행동 하여
야 할 때이다.

313

중산간(52) 重山艮

　　진은 움직이는 것이다. 만물이 움직일 때
면 움직이고, 그칠 때가 되면 끝까지 앞으
로 나아가지 않고 마침내 그쳐서 멈추게
된다. 간은 아래에 산(간艮)이 있고 위에도
산(간艮)이 있는 괘상이다. 중산은 괘의 상이며, 간은 괘
의 이름이다. 그러므로 진 다음에 간으로 받았다.

　　간은 겹겹이 산으로 둘러싸여 마침내 고요히 멈추어
움직이지 않는 형국이다. 만물의 기운은 고요히 그치는
데로 모인다.

　　스스로 자신의 길을 찾아가야 할 때이다.

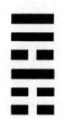

풍산점(53) 風山漸

간은 그치는 것이다. 만물의 이치는 끝까지 그치고만 있을 수는 없다. 점은 아래에 산(간艮)이 있고 위에는 바람(손巽)이 있는 괘상이다. 풍산은 괘의 상이며, 점은 괘의 이름이다.

점은 산위의 나무가 점차 자라서 큰 기둥으로 성장하는 것을 뜻한다. 그러므로 간 다음에 점으로 받았다.

착실하게 성장해 가는 형국이다. 순서대로 나아가야 할 때이다.

뇌택귀매(54) 雷沢帰妹

점은 점진적으로 나아가는 것이다. 나아가면 반드시 돌아가는 데가 있다. 귀매는 아래에 연못(태兌)이 있고 위에는 천둥(진震)이 있는 괘상이다. 뇌택은 괘의 상이며, 귀매는 괘의 이름이다. 그러므로 점 다음에 귀매로 받았다.

귀매는 연못 위에 천둥이 울림에 연못의 수기(水気)가 기뻐하며 올라가는 상이다. 아래의 어린 소녀가, 위의 장남을 만나 시집을 가는 괘로 풀이한다.

사랑이 오래가지 않고 이루어지지 않을 형국이다. 안으로 충실을 도모해야 할 때이다.

뇌화풍(55) 雷火豐

　　　　　귀매는 돌아갈 바를 얻은 것이다. 어린
　　　소녀가 집안의 대를 이을 장남을 만나 시
　　집을 가면 살림살이가 늘고 자손이 늘어
　　나듯이, 자기가 돌아갈 곳을 찾은 사람은
반드시 풍요로워 진다. 풍은 아래에 불(리離)이 있고 위에
는 천둥(진震)이 있는 괘상이다. 뇌화는 괘의 상이며, 풍
은 괘의 이름이다.

　번개와 천둥이 함께 일어나, 심장이 피를 돌게 하듯이
만물을 힘차게 작동시키는 상이다. 그러므로 귀매 다음에
풍으로 받았다.

　절정에 달한 형국이다. 융성하면 반드시 쇠망한다는 이
치를 알아야 할 때이다.

317

화산려(56) 火山旅

풍은 풍요로움이니 풍요로움이 다하면 마침내 자신이 거처할 곳을 잃게 된다. 려는 아래에 산(간艮)이 있고 위에는 불(리離)이 있는 괘상이다. 화산은 괘의 상이며, 려는 괘의 이름이다.

려는 산위에 불이 타올라 이곳저곳으로 옮겨 붙는 모습으로 이리저리 정처 없이 방황하는 나그네의 형상이다. 그러므로 풍 다음에 려로 받았다.

인간은 정해놓은 목적지가 어디인지 모르고 길 떠나는 나그네와 같다. 정처 없이 가는듯한 해와 달도 사계절의 순환에 따라 왕래하고 있다.

방랑과 절도(節度)가 함께 존재하는 것이 우주만물의 운행이치이다. 고독한 나그네의 형국이다. 고난 속에서 한걸음씩 나아가야 할 때이다.

318

중풍손(57)重風巽

나그네가 되어 바람 따라 떠돌아 다니다
가 그 여정이 다하면 반드시 본래 떠나온
곳으로 되돌아가게 된다. 손은 아래에도 바
람(손巽)이 있고 위에도 바람(손巽)이 중첩
되어 있는 괘상이다. 중풍은 괘의 상이며, 손은 괘의 이
름이다.

손은 바람이 불고 또 불어서 연이어 부는 바람의 상으
로 만물이 본래 태어난 곳으로 다시 되돌아가는 형상이
다. 그러므로 려 다음에 손으로 받았다.

소슬바람이 불고 있는 형국이다. 우유부단함을 경계해
야 할 때이다.

중택태(58) 重沢兌

자신의 본래 처소로 되돌아가서 휴식을 취하면 마음이 평화롭고 즐거워 기뻐하게 된다. 태는 아래에도 연못(태兌)이 있고 위에도 연못(태兌)이 있는 괘상이다. 중택은 괘의 상이며, 태는 괘의 이름이다.

태는 연못의 물이 고여서 일렁거리고 또 일렁거리며 기쁨을 드러내는 형상이다. 그러므로 손 다음에 태로 받았다. 태는 결실을 맺는 가을을 뜻한다. 결실을 맺는 때가 오면 양의 기운으로 열매만 남기고, 음의 기운은 다하여 사라져 간다.

절차탁마하여 중심이 잡히고 속이 꽉 찬 형국이다. 기쁨이 다하면 흩어짐이 있음을 알아야 할 때이다.

풍수환(59)風水煥

태는 기뻐하는 것이다. 기쁨은 영원히 지
속되지 않는다. 세월이 지나면, 바람이 불
어 강물위에 일렁거리는 물결처럼 언젠가
는 흩어지게 된다. 환은 아래에 물(감坎)이
있고 위에는 바람(손巽)이 부는 괘상이다. 풍수는 괘의 상
이며, 환은 괘의 이름이다.

환은 강물위에 바람이 불어 물결이 일렁거리며 뿔뿔이
흩어지는 형상이다. 그러므로 태 다음에 환으로 받았다.

분열과 이산의 아픔이 있는 형국이다. 흩어짐이 다하면
다시 모으게 된다. 서로 단결해야 할 때이다.

수택절(60) 水沢節

환은 흩어지는 것이다. 흩어짐이 다하면
다시 모으게 된다. 절은 아래에 연못(태兑)
이 있고 위에는 물(감坎)이 있는 괘상이다.
수택은 괘의 상이며, 절은 괘의 이름이다.
절은 연못위의 물이 마르면 고이고, 넘치면 흘러서 조절
하는 형상이다. 그러므로 환 다음에 절로 받았다.

  1년은 사계절로 마디를 지우고, 대나무는 마디를 맺으
며 성장해 간다. 겨울이 가면 봄이 오고, 가을이 가면 겨
울이 오듯이 우주는 끊임없이 절도 있게 순환 하면서 운
행해 나간다. 그러나 지나치게 절도를 지켜서 앞으로 나
아가야 할 때 나아가지 못하면 기회를 놓치게 된다는 것
을 늘 염두에 두어야 할 것이다.

  절도를 지켜야 할 형국이다. 마무리를 잘해야 할 때이
다.

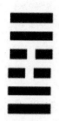

풍택중부(61)**風沢中孚**

일에 마디를 맺고 절도 있게 행동하면

믿음을 얻게 되며, 기본 주기를 마디로 하여 새로운 과정이 시작된다. 중부는 아래에 연못(태兌)이 있고 위에는 바람(손巽)이 부는 괘상이다. 풍택은 괘의 상이며, 중부는 괘의 이름이다.

중부는 어미닭이 알을 부화시키기 위하여 알을 이리저리 품고 있는 형상을 가진 글자이다. 그러므로 절 다음에 중부로 받았다.

중부는 연못위의 바람이 부드럽게 일렁거리는 형상으로 어린 새끼들을 부드럽게 품어서 키우는 모습이다. 병아리가 알을 깨고 나오기 위하여 새끼와 어미닭이 동시에 안팎으로 서로 쪼아야 하듯이, 안과 밖에서 서로 감응하여야 일이 이루어지고 믿음을 가지게 된다.

성실함이 중요하다. 인간관계가 돈독하면 만사가 순조롭게 이루어짐을 알아야 할 때이다.

323

뇌산소과(62) 雷山小過

서로 감응하여 믿음을 갖게 되면 밖으로
조금씩 나아가게 된다. 소과는 아래에 산
(간艮)이 있고 위에는 천둥(진震)이 있는 괘
상이다. 뇌산은 괘의 상이며, 소과는 괘의
이름이다. 소과는 가운데 두 양을 밖의 네 음이 감싸고
있어 물(감坎)의 상을 보이니, 물처럼 유연하고, 아래로
흘러가는 순리를 따라야 한다. 그러므로 중부 다음에 소
과로 받았다.

모든 일은 소과하여, 대과를 이룬다. 열두 달을 지나
일년이 됨은 대과이고, 한 달을 지나는 것이 소과이다.
소과는 작은 일은 가능 하지만 큰 일은 이루기 어렵다.

한겨울이 지나 새싹이 땅위로 싹터 나갈 때는 분수를
지켜서 조심스럽게 나아가야 한다. 나아갈 때는 나아가
고 멈출 때는 멈출 줄 알아야 할 것이다.

대립과 반목으로 곤경에 처할 형국이다. 큰 문제를 피
하고 일상생활에 전념해야 할 때이다.

324

수화기제(63) **水火既済**

　　앞으로 나아가다 보면 반드시 목적지에 도달하게 된다. 수화는 아래에 불(리離)이 있고 위에는 물(감坎)이 있는 괘상이다.

　　수화는 괘의 상이며, 기제는 괘의 이름이다. 기제는 세 양(陽)과 세 음(陰)이 서로 바르게 응하고 있다.

　　험난한 수행의 과정을 모두 마친 수승화강(水昇火降)의 도통(道通)을 이룬 형상이다. 그러므로 소과 다음에 기제로 받았다.

　　기제는 물이 불 위에 있는 모습으로 물기운은 오르고 불기운은 내리니 모든 것이 해결되고 이미 이루어진 때를 나타낸다. 그러나 아래의 불기운이 점차 위의 물기운에 다다르게 되니, 처음의 밝음은 오래가지 못하고 마침내는 험난한 길에 다다르게 될 형상이다.

　　만사형통하고 안정된 형국이다. 새로운 일을 벌이지 말고 현상을 유지해야 할 때이다.

325

화수미제(64)**火水未済**

주역은 화수미제로 마친다. 미제는 아래에 물(감坎)이 있고 위에는 불(리離)이 있는 괘상이다. 화수은 괘의 상이며, 미제는 괘의 이름이다. 미제는 물위에 불이 있는 모습으로 물은 아래로 흐르고, 불은 위로 타올라서 서로 사귀지 못하는 형상이다.

음이 극하면 양이 되고, 양이 극하면 음이 되는 주역의 변화의 한 과정을 마치고나면 또 다시 시작하여 끊임 없이 순환반복 하는 이치를 나타낸다. 세상은 마침내 종말로 끝나는 것이 아니라 새로운 시작이 있음을 주역은 64괘의 마지막을 미제로 받고, 마침으로써 잘 나타내고 있다.

곤경을 넘어서는 순간에 좌절하는 형국이다. 서로 협력하여 곤경을 타개해 나가야 할 때이다.

난 세

손자병법 미야모토 무사시 주역이 답하다

초판 1쇄 인쇄 2017년 7월 1일
초판 1쇄 발행 2017년 7월 8일
저 자 작가 손 민 익
발 행 인 손 민 익
기획·편집 손 덕 원
마 케 팅 박 신 옥
펴 낸 곳 **도서출판 아마**
등 록 제 2015-000068 호
주 소 서울시 은평구 연서로 15길 41-1, 2층-3층(구산동)
전 화 (02)389-8137
e-메일 sonminik@hanmail.net
값 12,000원 **ISBN** 979-11-956860-3-2 03190